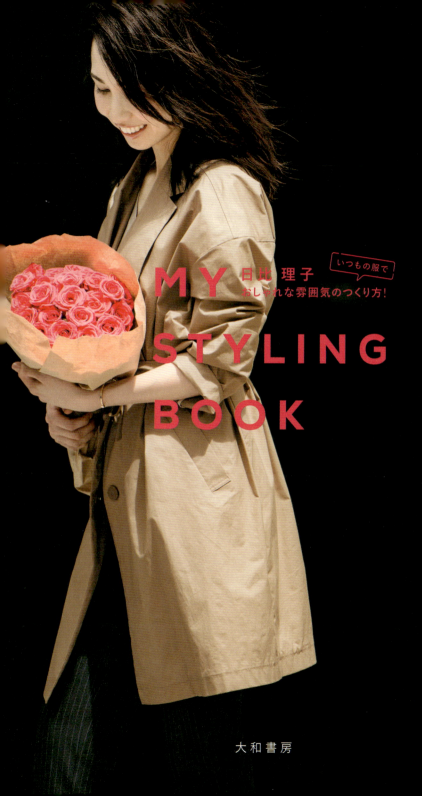

MY STYLING BOOK

日比 理子

いつもの服で
おしゃれな雰囲気のつくり方！

大和書房

はじめに

パーソナルスタイリストとしてお客様のお買い物に同行していた頃、似合う洋服をピックアップしていざ試着室へ。試着室から出てくるお客様がよくおっしゃるのは、

「なんかちょっと違うかも……」

確かに服はそのまま着るだけではおしゃれに見えません。

そこで、裾をロールアップしたり、袖をまくったり、襟元をあけたり、と着くずしてみると、同じ服が見違えるようにおしゃれ度UP！

「こうやって着るんですね！」

と、言われたものです。

そうか、どの服を着ればいいかわからない、というより、どう着るか、がわからないんだ、と気づいたのがこの本を執筆するきっかけとなりました。

002

・何を着ても垢抜けない
・プチプラを人とかぶらないように着たい
・自分に似合うものがわからない
・服はたくさんあるのに、今日何を着たらいいかわからない

　よく寄せられるご相談ですが、おしゃれな雰囲気を作るには、「何を着るか」ということより、着くずし方や色合わせ、小物使い、髪型、姿勢の良さ、などなど、様々な要素からなる「全体のバランス」、つまり「どう着るか」がとても大切なのです。

　かくいう私もアラフォーに突入したもののまだまだ修行中の身。自分のスタイルを模索しつつ、プチプラアイテムをそれとおおっぴらにわからぬよう、うまく取り入れたいと思う微妙な年頃。これまでの多大なる失敗と試行錯誤の末に見つけたコーディネートのちょっとしたコツや、プチプラアイテムの取り入れ方、お手入れ方法に至るまで、誰でも簡単にできるようにルール化したものを本書に詰め込みました。

　この本のもう一つのテーマは「プチプラ」。学生時代、友人から『安物買いの女王』と呼ばれたことがあるくらい、お値段以上に見えるものを自分の目で探すことがとにかく好きで、買い物といえばいつもお宝探しのような気分で何時間でも楽しんでしまう……これが私の原点であり、

My Styling book —— Michiko Hibi
Introduction

それは今でも全く変わりません。

私はプチプラアイテムもそうでないものもどちらも取り入れたいタイプですが、ごく一般的なサラリーマン家庭の主婦として、やはり心が躍るのはお値段以上に見えるプチプラアイテム探し。

ただ安いから買うという底の浅い話でなく、お値段以上の品質、着心地、デザインのものを自分の目で試着して確かめて選び、購入したものは愛着を持って管理する。1日でも長く新品の風合いを維持させ、袖を通すときはいつも気持ちよく着られるよう、お手入れはしっかりとやりたいと思っています。ただのケチくさい人だと思われるかもしれないですが、そこに面白さを感じているのです。

本書が何かしらのヒントになって、皆様のファッションライフがより楽しいものになれば、と願っています。

　　　　　　　日比 理子

004

My Styling book —— Michiko Hibi
Introduction

My 10 Point

おしゃれの極意10か条

01　必要以上に洋服を増やさない。極力買い替えを心がける。

02　洋服はそのまま着ない。着くずしてナンボです。洋服の数でなく、着方と小物使い、髪型で工夫する。

03　出かける前は靴を履いた状態で全身のバランス、後ろ姿までチェック。案外そこで気づくことが多いはず。

04　上手に白を取り入れると、おしゃれに見えます。春夏は多め、秋冬は少なめ、と季節によって調整する。

05　全身トレンド服で固めない。コーデの中にトレンド要素（アイテム、シルエット、色など）1〜2カ所で十分今っぽい。

06 「安いからまぁいいか」でなく、「安くてもこんなに良いものが買えた！」と思えるような選び方をする。「安いからまぁいいか」では愛着を持てません。

07 最初は誰かのマネでOK。でも「あれっ？ 何か違う」をヒントにそこから自分らしさを取り入れていく。小物合わせや着丈、髪型だったり。

08 たまには良い服を見て触れてみる。気に入ったものがあれば、似たようなものをお手頃な価格で探す、案外見つかります。

09 安くても愛着をもってお手入れする。新品に近い風合いをいかに長く保つかが大切。

10 流行に振りまわされない、人と比べない。自分に合わないものはスルーすべし。それが服を無駄に増やさないことにつながります。

MY STYLING BOOK CONTENTS

はじめに ……………………………………………………… 002
おしゃれの極意10か条 ……………………………………… 006

Chapter 01

TECHNIQUE
着こなしのテクニック

Technique01：コーデに変化球を！ ……………………… 012
Technique02：おしゃれな白の使い方 …………………… 014
Technique03：腰巻きのコツ ……………………………… 016
Technique04：肩がけのコツ ……………………………… 017
Technique05：靴にはお金をかけなくていい …………… 018
Technique06：ハット使いでコーデを格上げ！ ………… 020
Technique07：センスいいね！ とほめられる色テク …… 022
Technique08：タンクトップの選び方と着方 …………… 024
Technique09：着回し度抜群！ クルーネックカーデ …… 026
Technique10：バッグと靴の色はそろえるべき？ ……… 027
Technique11：簡単！ ストールの巻き方 ……………… 028
Technique12：スウェットパンツを部屋着に見せないコツ … 029
Column1：シューズにまつわる裏ワザお見せします！ … 030

Chapter 02

BASIC ITEM
ベーシックアイテム

基本のシャツ ……………………………………………… 032
シャツのウエストまわりの処理&袖のまくり方 ………… 034
基本のデニム ……………………………………………… 038
裾のロールアップの仕方 ………………………………… 040
基本のジャケット ………………………………………… 044
基本のボーダー …………………………………………… 050
ボーダーくらべ …………………………………………… 052
ボーダーの着方バリエーション ………………………… 053
基本のふんわりスカート ………………………………… 056
基本のカーディガン ……………………………………… 062
カーデの襟元コーディネート …………………………… 063
基本のトレンチコート …………………………………… 066
トレンチコートを女性らしく着るためのテクニック …… 068
後ろで片蝶々結び ………………………………………… 069
Column2：キッズコーデ ………………………………… 072

Chapter 03

COLOR & GOODS
色と小物の法則

My Rule 01：おしゃれの極意はさし色使いにあり！ ———————— 074
色の取り入れ方がわかるとファッションはもっと楽しい！ ———— 076
My Rule 02：使える！ 配色図鑑 ———————————————————— 078
My Rule 03：アクセサリーと時計のおすすめ使い方 ——————— 082
My Rule 04：ベルト使いにはコツがある ———————————————— 084
My Rule 05：サングラスとめがねをアクセントに ——————————— 085
My Rule 06：ねらい目はセレクトショップ！ 愛用バッグたち ——— 086
Winter Day：冬の足元どうするよ？ 問題 ——————————————— 088
Rainy Day：雨の日をポジティブに楽しく♡ ——————————————— 090
Column3：紫外線予防対策 ——————————————————————————— 092

Chapter 04

HOE TO SELECT
賢い買い方・選び方

実況中継！ 試着時のチェックポイント教えます！ ————————— 094
お値段以上 プチプラアイテムはこう選ぶ！ ——————————————— 096
お役立ち！ コスパブランド活用術 ————————————————————— 098
アイテム別おすすめブランド ——————————————————————— 100
使える！ 冬のヘビロテアウター ————————————————————— 102
Column4：UNIQLO ウルトラライトダウンを見せずに着る裏ワザ —— 104

Chapter 05

BEAUTY
雰囲気美人のつくり方

おしゃれな雰囲気はヘアスタイルで決まる！ ——————————————— 106
日比理子流ボサボサに見えない、無造作ヘアのつくり方 —————— 107
かんたん、失敗なし、ヘアアレンジ集 ———————————————————— 108
ナチュラルメイクが今っぽい！ MAKE UP —————————————————— 110
Column5：UNIQLO ウルトラライトダウンの洗濯法 ———————————— 118

Chapter 06

CARE
お手入れの仕方

洋服をいつまでも新品同様の風合いに保つ！
洋服ブラシを使おう！ ——————————————————————————— 120
かんたん！ アイロンがけ ————————————————————————— 122
収納こうしています ———————————————————————————— 124
シューズのお手入れ ———————————————————————————— 126
Column6：お役立ち！ お助け便利グッズ ——————————————— 127

illustlation column

01：小顔に見せるテクニック ————————————————————————— 112
02：スッキリ感のあるストールの巻き方 ————————————————— 113
03：小尻に見せるには、バックポケットのデザインが重要 ————— 113
04：着やせする色を選ぶなら ——————————————————————— 114
05：着やせしたくて引き締め色でも全身黒はNG！ ————————— 115
06：小柄な人のぺたんこシューズは甲浅のものを ————————— 116
07：ふくらはぎが気になる人のベストな丈感 ————————————— 116
08：ふくよかな人に伸縮性のあるアイテムは危険 ————————— 117

※本書に掲載されている衣服・小物類はすべて著者の私物です。現在入手できないものもありますのであらかじめご了承ください。
※本書に記載されている情報は2016年3月時点のものです。

Chapter 01

TECHNIQUE
着こなしテクのテクニック

———

たったこれだけ！
いつもの服を着こなしで
おしゃれに格上げ

コーデに変化球を!
how to look smart

TECHNIQUE 01

全身を同じ調子でそろえすぎないことで、おしゃれな雰囲気は作れます。一見、ミスマッチなアイテム同士を組み合わせて自分らしさを出すのが今っぽい。

PATTERN 1

「全身カジュアルすぎて垢抜けない」

小物をプラス

パールを加え、スニーカーをヒールにチェンジ。カジュアルな中に女性らしさが漂うコーデに。

ハットをプラス

カジュアルすぎな印象にハットとローファーでドレスアップ。キレが加わりキリッとメンズライクに。

> POINT!
>
> どんなコーデでも、どこかにきれい目アイテムを
> 入れておくことが大人カジュアルのポイントです。

PATTERN 2

全身フェミニンすぎて
どことなく古臭い

Gジャン投入

Gジャンを投入した甘辛ミックスコーデ。品の良さは
保ちつつ、ラフに着くずしておしゃれ度UP！

ボーダー投入

ツインニットのインナーをボーダートップスに変える
だけで程よいカジュアルエッセンスに。

TECHNIQUE 02 おしゃれな白の使い方
how to look smart

白は他の色を引き立たせ、品よく見せてくれる色。
白を取り入れると「色の抜け」ができてバランスよく見えます。

顔まわりに白

顔まわりに白を入れると顔色が明るく見えます。白ピアス、白い襟、レイヤードした白パーカなども同様の効果アリ。

白小物の使い方 — How to use white color?

白バッグで脱無難

ベーシックカラーに白バッグを1点投入するだけでコーデがキリッと引き締まります。

足元の白で抜け感を

いつものスニーカーを白にチェンジするだけで今っぽく、クリーンな印象に。カジュアルになりすぎないところが白のすごさ。

014

[POINT!]

効果的な白の使い方で、
いつものコーデをおしゃれに格上げ！

LET'S ENJOY "WHITE"

**ワントーンコーデ
に白**

実は野暮ったく見えがちで難しいワントーンコーデ。白をどこかに入れるとバランスがとりやすくなります。

**ダークなコーデに
白のさし色**

洋服全体がダークな時、白で色の抜けを作ることでコーデ全体に軽さが出ます。

**清潔感があり、
品よく見える白パン**

白パンはオールシーズンOK！コーデにも取り入れやすく、着回し力抜群です。

腰巻きのコツ
how to look smart

TECHNIQUE 03

ウエスト部分にシャツやカーディガンなどを巻くと、
コーデのワンポイントになるだけでなく、
気になるお腹まわりのカバーにも。

HOW TO

①
まず袖を含むシャツのボタンを全部あけて、上部を内側に折る。身幅の大きいシャツなら一番上のボタンだけとめてもOK。

②
腰骨付近に巻く。結び目はどちらかに少しだけずらすとニュアンスが出ます。

OK
丈が長ければ内側に折って長さの調節を。カーディガンも手順は同様です。

結び目をほどけにくくするには
結んで上側にある袖を下からくぐらせると結び目を目立たせずに補強できます。

NG
⇨ 結び目がど真ん中すぎる
⇨ 巻く位置が上すぎる
⇨ ぎゅっと結びすぎ

 ⇨

ココを折り曲げる!

※パーカを腰に巻く場合も上記同様。パーカは巻き終わった後、後ろの余りの部分を外に折り曲げると良いです。

016

肩がけのコツ
how to look smart

TECHNIQUE 04

二の腕、いかり型を目立たなくしたり、
目線が上部に集まることで嬉しいスタイルアップ効果アリ。
春夏なら薄手のもの、秋冬ならざっくりニットを選ぶと季節感が出せます。

1
カーディガンのボタンは基本全部とめて上部を少し内側に折る。

2
肩に掛けてゆるく結ぶ。結び目は片側に少しずらして巻くとこなれた感じに。

variation 1
表にボタンを見せるように巻くとまた違った印象に。

variation 2
胸元をすっきり見せたいときは袖はそのまま垂らす。

variation 3
ボタンはとめずに巻いて、左右をやや非対称にすると女性らしい印象に。

アウターの上から肩がけ

variation 4
両袖をひとつにまとめてすっきりと。

variation 5
袖にニュアンスをつけてそのまま垂らす。

靴にはお金をかけなくていい
how to look smart

TECHNIQUE 05

「靴にはお金を投資すべし！」とよく耳にしますが、靴は消耗品。普段使いのものは気兼ねなく使える1万円前後のもので十分、と私は思っています。手ごろで高見えするものを、しっかりお手入れしながら長く履き続けたいものです。長持ちさせるために、1日履いたら1〜2日は休ませるようにしています。

[私のオススメお値打ちパンプス]

01 artemis by DIANA
DIANAのカジュアルラインでとてもリーズナブル。上品で大人可愛いデザインです。

02 Le Talon
ベイクルーズ系列のシューズショップ。商品の多くが日本製でリーズナブル。ふかふかインソールで足が疲れにくい。

03 Boisson Chocolat
ユナイテッドアローズ系列のシューズショップ。リーズナブルで、ほどよくトレンドを取り入れたブランド。

他にも！

マルイ
マルイのラクチンきれいシューズ『velikoko』シリーズは、足への負担が少なくサイズも豊富、見た目もきれいなので、ヒール初心者の方にもオススメです。

オリエンタルトラフィック
ヒールの先端部分の修理が無料。店舗に不要になったオリエンタルトラフィックの靴を持参すると500円のクーポン券がもらえます（いずれも店舗限定サービス。）

[スエードパンプスはオールシーズンOK]

雨には弱いですが、足になじみ、痛くなりにくいので年中愛用しています。

[ヒールパンプスでもっと脚長に見せるコツ]

ボトムスから靴まで色を同系色で統一して脚長に。

ベージュパンプスでつま先までつなげてみせて脚長に。

⌒ 愛用しているフラットシューズ ⌒

01

UNITED ARROWS
【 黒エナメルローファー 】

マイ・ド定番フラットシューズ。パンプスは気分じゃないけどスニーカーではカジュアルすぎる場合にちょうどよく、1年中よく履いています。

02

DANIELE LEPORI
【 白エナメルローファー 】

春夏のマスト。足元に軽さが加わり、カジュアルコーデでも白エナメルのきちんと感が品良く全体をまとめてくれます。

03

Pertini
【 パイソン柄ローファー 】

コーデにキレが加わりほどよいアクセントに。いわゆるヘビ柄ですがきちんと感が出るのでどんなコーデにもよく合います。

04

SEPTEMBER MOON
【 黒エナメルレースアップ 】

表革のレースアップはハードな印象でおしゃれ上級者向けですが、エナメルなら取り入れやすいです。大人可愛いスカートスタイルのハズしに。

05

Pili Plus
【 パイソン柄スリッポン 】

シンプルなカジュアルコーデもこの1足で脱無難！インパクトのある柄ですが、案外合わせやすく下品にならないところが◎。

MY FAVORITE SHOES!

06

CONVERSE
【 グレーハイカットスニーカー 】

定番のハイカットはどんな色にもあわせやすいグレーをチョイス。足元にボリュームが出てしまうので足首は少し出して抜けを作るのがグッドバランスのコツ。

07

adidas
【 白スニーカー 】

シンプルなデザインで、コーデをきれいにまとめてくれます。白スニーカーならではの清潔感は100均のメラミンスポンジで死守(笑)。(→P126)

08

CONVERSE
【 白スニーカー 】

どことなく漂うレトロな雰囲気がたまらない名品シューズ。カジュアルでもキレイ目でもいい感じにこなせます。

ハット使いでコーデを格上げ!
how to look smart

TECHNIQUE 06

チャレンジしてみたいけれど勇気がない、とよく聞かれるハット。でも、かぶるだけでオシャレを格上げしてくれる万能アイテムなのです。選び方やかぶり方のポイントを知っていれば、もう怖くない!

① [つまみ]
浅めが大げさになりすぎず自然

② [トップ]
高すぎないものがオススメ

③ [ツバの広さ]
狭め→カジュアルな印象
広め→エレガントな印象
またツバが広ければ広いほど、対比効果で小顔にみせてくれます

④ [素材]
夏はストロー、パナマなど冬はフェルトなどが一般的

ハット時のピアス

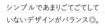

シンプルであまりごてごてしていないデザインがバランス◎。

フープピアスは案外うるさくならずハットと好相性。

かぶり方のコツ

◎ **OK!**

オススメ!

正面から見て、おでこの真ん中〜眉がぎりぎり見えるか見えないかあたりをポイントにかぶる。

× **NG**

浅くかぶると幼い印象になりがちなので30歳を過ぎたらオススメしません。

020

[スカートでもパンツスタイルでもOK！]

秋冬用のフェルトハット。スカートにもよく合います。

春夏の必需品白ハット。ブルーのワントーンコーデに会わせて爽やかな印象に。

ハットとバッグをラフィア素材で合わせて夏らしく。

ハットに関する困りごと

ファンデーションでハットの内側が汚れる

⇨ 汚れ防止テープを貼る

帽子内側のおでこがあたる汚れやすい部分に、適当な長さにカットして貼っています。汚れたら張り替えられるので清潔。リーズナブルで、惜しみなく使えます。

汚れ防止テープ

風で帽子が飛ぶ

⇨ すきま防止テープを貼る

100均やホームセンターで売られているすきま防止テープや帽子専用のサイズ調整テープをハットの内側に貼って快適に！

すきま防止テープ

⇨ 普通のアメピンで髪と帽子を固定

耳の上あたりでハット内側の汗取り部分を髪の毛と一緒にヘアピンで固定します。ひと手間かかりますがガッツリ固定できます。

センスいいね！とほめられる色テク
how to look smart

TECHNIQUE 07

[色数と配色のコツ]　洋服全体の色数は白を除いて3色以内がうまくまとまります。配色はブルー系と茶系の色合わせが幅広く使えます。

さりげなく存在感のある色合わせ
配色は同系色でまとめるのが一番簡単な方法ですが、それ以外でおすすめなのはブルー系×茶系。何かと使えて便利です。

色数をおさえて大人っぽく
色数は白を除いて3色以内におさえるのがGOODバランスのコツ。色を入れすぎると散らかった印象になるので要注意！

POINT!

色数が多くなるほどコーディネートは難しくなるので、色をリンクさせるという意識を持つと、必要以上に色を増やさなくなり、全体的にまとめやすくなります。

[**色をリンクさせる** コーデの中でところどころ色をつなげてリンクさせると、統一感が出てセンス良く見えます。]

☑ 黒
☑ グレー
☑ グレー
黒 ☑
黒 ☑
黒 ☑
☑ グレー

黒でリンク
洋服がオールホワイトなので、小面積ずつ黒を散りばめて統一感と引き締め効果を。

グレーでリンク
アウターと靴だけでなく、実はシャツの柄にもグレーが入っています。さりげなく色をつなげて遊び心を。

> 誰もが1枚は持っている

タンクトップの選び方と着方
how to look smart

タンクトップの選び方、おしゃれに着こなすテク教えます！

TECHNIQUE 08

[**タンクトップは白とライトグレーがあればいい！**]

色と素材の選び方

はじめにそろえると便利な色は、ライトグレーと白。素材は見せてもOKなリブ素材。PLSTのタンクトップは、程よい厚みがあり、型くずれせず優秀です！

- ライトグレー

ライトグレーは透けにくく、また見えても下着っぽくなりません。

- 白

白はあえてタンクトップをちらりと覗かせるコーデなどにも活用できます。

[**3枚目に買うならネイビー**]

3枚目に買うならネイビーがオススメです。濃い色のトップスを着る時のインナーとして1枚あると便利です。

買う時はここをチェック！

- ☑ 襟ぐりのパイピングが極端に細すぎたり太すぎたりしないもの
- ☑ ネックの開きが深すぎず浅すぎず、ちょうどよいもの
- ☑ 胸元やうでまわりがフィットして、すき間から下着が見えないもの
- ☑ 着丈が十分にあること（重ね着した時に裾からチラ見せでき、かがんでも下着が見えない）
- ☑ 洗濯回数は必然的に多いアイテムになるので、型崩れしにくく、丈夫であること

[質感はそろえる!]

トップスと見せタンクトップの質感が合っていないとちぐはぐな印象になりやすいので、なるべく合わせるのがベターです。

① 綿のタンクトップ

  +

⇩ 洗いざらし天然素材シャツ
⇩ 麻のシャツなど

② シルクレーヨンのタンクトップ

  +

⇩ 光沢感のあるブラウス
⇩ とろみのあるトップスなど

[みんな同じ、にならない、タンクトップの着方]

1.5〜2cmくらい出すのがいい感じ

AFTER　BEFORE

ダークなトーンに白でヌケ感!

ダークな色合いのコーディネートに白タンクをチラ見せすることで、コーデに明るさが出ます。

重ね着テク

シャツから重ね着したタンクトップを見せて立体感を。こなれた印象になります。

着回し度抜群！クルーネックカーデ
how to look smart

今はカジュアルテイストが主流で、Vネックカーディガンが優勢ですが、ベーシックなクルーネックカーディガンもボタンのとめ方や着方次第で印象が変えられる、楽しいアイテムです。

TECHNIQUE
09

カジュアルにも
きれい目にも

ベーシックな着方

variation 1
シャツインでキリッとかっこよく。カフスは半分折り返すと引き締まります。

variation 2
ボタンは全てとめてタイトな印象に。ふんわりスカートやワイドパンツとあわせて。

variation 3
腕は通さずに羽織る。大人っぽい雰囲気を出したいときに。

variation 4
上部のボタンのみとめる。女性らしく見せたいときに。一番上のボタンは開けてもOK。

variation 5
2ヶ所に抜けをつくることで、こなれた印象に。

variation 6
白シャツの襟を出して大人可愛く。

TECHNIQUE 10 バッグと靴の色はそろえるべき？
how to look smart

ＴＰＯや自分をどう見せたいかで、
色をそろえたりそろえなかったり、自ら印象を使い分けて！

［ バッグと靴の色をそろえる。］ ⇨ フォーマルな場やきちんと
整った印象に見せたい時など。

グレーバッグ＆靴。オフィスコーデなどにも使えます。

黒バッグ＆靴でそろえて、きちんと感を。

［ バッグと靴の色をそろえない。］

⇨ おしゃれ感のある印象にしたい時。上記に比べると、カジュアルな雰囲気になります。

簡単！ストールの巻き方
how to look smart

TECHNIQUE 11

ストールは手っ取り早くコーデに変化がつけられるので好きで集めています。おしゃれ感が出て、かつ早く簡単に巻ける2パターンをご紹介します。

［ 薄手大判ストールでスヌード巻き【春、秋】 ］

某メゾンブランドでオススメの巻き方をご紹介します。大判ストールなら簡単にキレイに巻くことができます。

① 幅を調整したストールを頭から長さを均等にして垂らし、前で交差し後ろへ。

② 後ろも前同様に交差して、ストールの端を前にもってきます。

③ 頭にかかっている部分を後ろに倒し、ストールの端はそのまま結びます。

④ 結び目は見えないように形を整えて完成です。

［ カシミヤなど厚手の大判ストールでミラノ巻き【冬】 ］

① 長さの左右差を少しつけてひと巻きします（長さ調節はお好みでどうぞ）。

② 端の長い方を、巻いたストールの内側から持ち上げてできた輪の中に、反対側の短い方の端を通します。

③ 形を整えて完成です。

ミラノ巻きは薄手ストールでもサマになります。ゆるっと巻くのがコツです。

スウェットパンツを部屋着に見せないコツ

how to look smart

定番アイテムだけど、どうしても野暮ったく見えがちなスウェットパンツ。
ジャケットやシャツなどダボッとせず直線的なラインのアイテムを合わせて
部屋着感を回避。また、コーデ全体を辛めにまとめるのがポイントです。

TECHNIQUE
12

ジャケットをスウエットパ
ンツとスニーカーに合わせ
てスポーティーテイストに。

トレンチコートできれい
目コーデに。きちんと感の
あるものと合わせると品よ
くまとまります。

デニムシャツを合わせて
ラフな雰囲気に。ヒール
を合わせて女性らしさを。

スウェットパンツ
選びのコツ

☑ ほどよく地厚で肉感をひろい
にくいもの。

☑ 膨張が気になる場合はネイ
ビーなど引き締め色を。

☑ だらしなく見えるオーバーサ
イズはNG、ほどよくフィット
するものを。

COLUMN 1

シューズにまつわる裏ワザお見せします!

ハイカットのスニーカーの悩みが解決する裏ワザ

① 脱ぎ履きがしにくい

→靴ひもを100均の伸びる靴ひもに替えることで解消! ゴムなので、びっくりするほど脱ぎ履きがラクに! 子ども用の運動靴にもオススメです。

② 高さがあるので脚が短く見えがち

→インソールでスタイルアップ。これも100均で購入できます。

パンプスからフットカバーを見せない裏技

> 普通にはくと…

① ポインテッドトゥのパンプスなど、甲の浅い靴から見えてしまいがちなフットカバー。『浅ばきタイプ』と書かれたものでも、実際パンプスをはくと、こうなります。

> 裏ワザは…

② そこで親指と小指以外に靴下のつま先部分を引っ掛けます。大切なのは、親指と小指には靴下をカブせないことです。

> そうすると…ほらっ!!

③ すると……このように中のフットカバーは見えません!手持ちのフットカバーで簡単にできるので、ぜひ試してみて下さいね!

Chapter 02

BASIC ITEM

ベーシックアイテム

これでもう迷わない！
あなたの定番どう選ぶ？

基本の【シャツ】

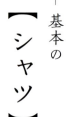

コットン素材のものなら年中重宝するアイテムです。アウター感覚で羽織る、そのまま着る、腰に巻く、ニットやアウターのインナーとしても着られる汎用性の高さがシャツの魅力。袖はラフにまくって女性らしく。

VARIOUS SHIRTS

[デニムシャツ]
- denim shirt

シワが気にならないので、旅行にも大活躍。メンズライクに寄りがちなので、着方やアクセで女性らしさを。オールシーズンOKです。

[ブルーシャツ]
- blue shirt

気負わずに着られて、一枚でもサマになるブルーシャツ。どのベーシックカラーとも相性が良く、着こなしやすいです。

[白シャツ]
- white shirt

シンプルさゆえに選ぶのも着こなすのもちょっと難しい。素材違いでいろんな雰囲気を楽しみたい。ちなみに私の部屋着は無印の洗いざらしシャツです。

[チェックシャツ]
- check shirt

幼く見られがちなギンガムチェックシャツは、黒を選べば大人っぽい印象に。コーデはモノトーンでキレイにまとめても、差し色使いで大人可愛くも◎。

[リネンシャツ]
- linen shirt

吸湿・速乾性があり、涼しげな質感のリネンは湿度の高い日本の夏に最適です。使い込むほど味の出る素材なので、毎年少しずつ買い足すのが密かな楽しみ。シワが気になる方はさらっとアイロンを。

032

shirt ... **GALLARDAGALANTE**
pants ... **PLST**
bag ... **ZARA**
shoes ... **Pili Plus**
sun glasses ... **aquagirl**

> スタイルよく見える!

シャツのウエストまわりの処理＆袖のまくり方

こなれ感を出す!

ウエストまわり

NG

① ボトムスの中にシャツの前部分だけ入れる。(一度入れると綺麗に仕上がります)

② 鏡を見ながら、ウエスト回りを少しずつ膨らませるように微調整する。

人の目線は先端(袖や裾)にいくので、裾をすべて出してしまうと重心が下がり、上半身が重くヤボったく見えます。

袖のまくり方

① 袖の3分の2ほど大きくまくる。

② カフスを見せるようにして、もう一回ラフに小さくまくる。

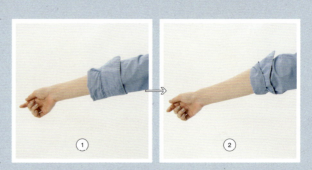

ニットとシャツを重ね着する場合

① ニットの袖口からカフスの半分を出す。

② 出した部分のみ折り返してそのままずらす。

Gジャンも上記同様!

034

[Shirt Coordinate]

recommend coordinate N°02

シンプル配色にツヤ感レッドの一点投入。
いつものコーデに変化球を

部分的にきかせた赤をさし色に、とろみのある
ブラウスとパンツを合わせてプチプラだけど
ドレッシーなコーデ。チェーンバッグは斜めが
けしてもサマになります。

---

tops … UNIQLO
pants … UNIQLO
bag … LORENS
pumps … PRINGLE 1815

recommend coordinate N°01

メタリックなパンプスでコーデにキレと
ヌケ感をプラス

プレスのきいたパンツにチェックシャツを合
わせてさりげなく着くずし。さし色のブルーの
ストールはモノトーンと好相性。

---

shirt … MUJI
pants … UNIQLO
stole … ZARA
bag … &.NOSTALGIA
pumps … Boisson Chocolat

[Shirt Coordinate]

recommend coordinate N°04

黄み強めの暖色系配色に
白シャツで爽やかに

インパクトのあるイエローも、同系色のキャメル、ベージュとなら合わせやすい。ウエストまわりはベルトでキリッと引き締めを。

shirt … **MUJI**
knit … **NOMBRE IMPAIR**
pants … **Theory**
bag … **OTTO GATTI**
pumps … **AmiAmi**

recommend coordinate N°03

色と素材をミックスさせた
大人カジュアルコーデ

ブルーとピンクの大人可愛いインパクト配色。バッグと靴はベーシックカラーで統一してバランスを。

shirt … **UNIQLO**
tank-top … **UNIQLO**
pants … **N.Natural Beauty Basic**
bag … **MASION VINCENT**
sandal … **ADAM ET ROPÉ**

[Shirt Coordinate]

recommend coordinate N°06

トラッドなチェックシャツを女性らしい
着こなしに印象チェンジ

カジュアルなフランネル素材のチェックシャ
ツをタイトスカートとヒールできれい目に。ネ
イビーと茶系は好相性。

---

shirt … **OLD NAVY**
skirt … **UNIQLO**
bag … **MASION VINCENT**
pumps … **VII XII XXX**

recommend coordinate N°05

ハードになりすぎないよう、カーゴパンツを
とろみシャツに合わせて女性らしく

カーキはグレーを含んだ色なので、グレーと好
相性。ワークテイストのカーゴパンツは細み
のシルエットならきれいにはけます。

---

shirt … **GALLARDAGALANTE**
tank-top … **UNIQLO**
pants … **PLST**
bag … **&.NOSTALGIA**
shoes … **adidas**

基本の【デニム】

カジュアル度の強いアイテムですが、変幻自在に印象を変えられる使い勝手の良さから、ついつい手にとってしまうベーシックアイテムです。スキニーと細身のボーイフレンドがあると便利。色はブルー、白、グレーを揃えるとコーデの幅が広がります。

DENIM PANTS

[ホワイトデニム]
- *white denim*

オールシーズン活用。ガンガン履いて洗いたいからプチプラで。春夏は爽やかに、秋冬はきりっとコントラストをつけてかっこよく。どんなコーデも品良くまとめてくれます。(UNIQLO)

[ブルーデニム]
- *blue denim*

さりげない色落ち感が絶妙なボーイフレンドデニム。脚を立体的に見せてくれます。腰まわりはゆったり、裾に向かって細くなっているのでとても履きやすく、女性らしいシルエット。(MUJI)

[グレーデニム]
- *gray denim*

ブルーじゃ無難だし、白はちょっと……という人にオススメ。ベーシックカラーだけでなく、どんな色とも相性が良く、おしゃれに見せてくれるのがグレーの実力。(UNIQLO)

038

knit ··· **ZARA**
pants ··· **UNIQLO**
bag ··· **MAISON VINCENT**
short boots ··· **Masumi**
stole ··· **Johnstons**

裾のロールアップの仕方

おしゃれを格上げ

デニムを女性らしく着こなす一番てっとり早い方法は裾のロールアップ。
足首を見せることでヌケ感が出てスタイルアップ効果あり。

デニムのタイプでロールアップの仕方を変えるのがコツ！

― ボーイフレンド ―

❶ 何もしない状態
❷ ラフにひと折り
❸ さらに半分に折る

POINT
あまりまくり上げすぎないことと</br>きれいに折りすぎないこと。

― スキニー ―

❶ 何もしない状態
❷ 小さくひと折り

POINT
小さくひと折りしてくるぶしが見えるくらいの丈にするとバランス良し。

[Denim Coordinate]

recommend coordinate N°02

何気ないデニムもイエロー効果で
気分もコーデもハッピーに

淡めのイエローなら難なく取り入れやすいです。リネン素材で心も素材も軽やかな休日のリラックスコーデ。

shirt … **UNIQLO**
tank-top … **UNIQLO(white), PLST(gray)**
denim … **MUJI**
bag … **Sans Arcidet**
shoes … **DANIELE LEPORI**

recommend coordinate N°01

ギンガムシャツ腰巻きで
品のよい大人カジュアルスタイル

子どもっぽいと思われがちなギンガムチェックは全体の色数をおさえて大人っぽくすると◎。バッグとパンプスの色はあえて合わせずカジュアルに。

hat … **Marui**
knit … **ZARA**
denim … **UNIQLO**
shirt … **MUJI**
bag … **&.NOSTALGIA**
pumps … **Ami Ami**

[Denim Coordinate]

recommend coordinate N°04

ホワイトデニムなら
きれい目アイテムとの相性◎

デニムはカジュアルになりがちですが、白なら品の良さはキープできます。バッグの柄の一部とパンプスのイエローをリンクさせて統一感を。

tops … **BEAUTY&YOUTH**
pants … **UNIQLO**
bag … **ne Quittez pas**
pumps … **enchanted**

recommend coordinate N°03

洋服をブルー系で統一して
アクティブに

全身メンズ！なので、髪は可愛げのあるスタイルでバランスをとりたいコーデ。バッグの白でコーデに抜け感を。

shirt … **UNIQLO**
cut&sew … **IENA**
denim … **MUJI**
bag … **MAISON KITSUNÉ**
shoes … **UNITED ARROWS**

042

[Denim Coordinate]

recommend coordinate N°06

ラフなダメージデニムを赤のヒール
パンプスで大人可愛く

さし色の赤パンプス以外はベーシックカラーでまとめてシンプルに。つや感レッドで女っぽさを。

stole … **MUJI**
knit … **GU**
bag … **MAISON VINCENT**
denim … **UNIQLO**
pumps … **PRINGLE1815**

recommend coordinate N°05

ラフな配色もリネン素材のシャツで
さりげなく女らしさを

グレー×カーキのダークな配色を白のトートバッグでキリッと引き締め。足首は出してヌケをつくるのが着こなしのポイントです。

shirt … **ZARA**
tank-top … **PLST**
denim … **UNIQLO**
bag … **MAISON KITSUNÉ**
shoes … **Pili Plus**
sunglasses … **aquagirl**

043

基本の【ジャケット】

ジャケットは羽織るだけできちんと感が出るのでカジュアルコーデには欠かせないアイテム。特に便利なのはジャージー素材のジャケットです。カーディガンやパーカのような感覚で気負わず羽織れ、シワになりにくい素材なので出張や旅行などにも最適です。

JACKET

[肩] - shoulder
ジャケットは『肩で着る』といわれているほど肩の印象は大切。ジャケットの肩山と自分の肩のトップ位置がぴったりフィットするものを。

[襟] - collar
襟は細めがクールでシャープな印象。大きいものは古臭い印象になります。

[素材] - material
ジャージー素材なら、パーカ感覚で気負わず着られます。

[背中] - back
試着の際シワが寄らないか、後ろ姿もチェック。

[袖] - sleeve
袖はまくるとこなれ感。

[ボタン] - button
ボタンは基本、あけて着る。ボタンをかける場合はおヘそより下のボタンはかけないのが一般的。

[着丈] - length
着丈はおしりが半分隠れる程度〜その少し下あたりが良い。

ずりおちてこない袖のヒミツ

1 折り返したい位置までジャケットに馴染む色のゴムを通す(ヘアゴムでOKです)。

2 ゴムの位置付近で袖を折り返す。

3 そのまま上にずらす(肘は見せない)。

[Jacket Coordinate]

WHITE JACKET

recommend coordinate N°02

きれい目にもカジュアルにもOKな
白ジャケットは春夏の鉄板アイテム

プリントのピンクとバッグのピンクをリンクさ
せてカッコ可愛く。プチプラなコットンジャケット
はピシッとアイロンがけが高見せのコツ。

jacket … **UNIQLO**
t-shirt … **CHEAP MONDAY**
bag … **kate spade NEW YORK**
pants … **UNIQLO**
sandal … **Boisson Chocolat**
sunglasses … **aquagirl**

recommend coordinate N°01

ジャケットにボーダーを合わせて品良く
カジュアルダウン

ボーダー×カラパン合わせは自分の中では今
一番イケてるジャケパンスタイル(笑)。プレス
のきいたきれい目パンツできれい目に。

hat … **Marui**
jacket … **PLST**
knit … **MACPHEE**
pants … **N.Natural Beauty Basic**
shoes … **UNITED ARROWS**
bag … **MASION KITSUNÉ**

[Jacket Coordinate]

SIMPLE OOTD

CASUAL JACKET

recommend coordinate N°04

グリーンのさし色で
パキっとメリハリを

大好きなベージュとグリーンを配色。突拍子もなく肩掛けしてもうまくなじんでオシャレに見せてくれるのがグリーンのパワー。

jacket … **VINCE.**
t-shirt … **UNIQLO**
knit … **theory**
pants … **UNIQLO**
bag … **OTTO GATTI**
shoes … **Pertini**

recommend coordinate N°03

シンプルなオフィスコーデを
白バッグで華やかに

色もアイテムもオーソドックスな合わせ。靴とバッグの色はあえて統一せずにキメキメ感を回避。柄をきかせて着こなしに奥行きを。

jacket … **PLST**
inner tops … **UNIQLO**
pants … **UNIQLO**
bag … **IACUCCI**
pumps … **Ami Ami**
stole … **5351 POUR LES FEMMES**

[Jacket Coordinate]

recommend coordinate N°06

紺ブレ&デニムをヒールパンプスで
女性らしく

ジャケット&ベルト&ヒールパンプスで品よくまとめつつ、トートバッグでカジュアルダウン。ちょっとした遊び心を。

jacket … **Whim Gazette**
denim … **UNIQLO**
knit … **UNIQLO**
bag … **MAISON KITSUNÉ**
pumps … **VII XII XXX**
glasses … **JINS**

recommend coordinate N°05

オフィスコーデもジャージー素材の
ジャケットなら楽チンきれい

きれい目ワンピもOKなのは、オーソドックスなジャケットならでは。ストールを無地に変えるとよりシックになります。

jacket … **PLST**
one-piece … **KNOTT**
bag … **&.NOSTALGIA**
stole … **5351 POUR LES FEMMES**
pumps … **Ami Ami**

[Jacket Coordinate]

TRAD STYLE

recommend coordinate N°08

紺ブレの持つ品のよさを利用して
思いきりカジュアルに

紺ブレにスポーティなアイテムで大人の休日
スタイル。あえてのアンバランス加減が好みです。

jacket … **Whim Gazette**
t-shirt … **MOUSSY**
denim … **UNIQLO**
shirt … **MUJI**
bag … **&.NOSTALGIA**
shoes … **adidas**

recommend coordinate N°07

思い切りトラッドな雰囲気を
楽しみたい時のコーデ

紺ブレにボタンダウンシャツのトラッドスタイルを
ブルーデニムで崩したメンズライクなスタイル。ヘ
アスタイルで女っぽくバランスをとりたい。

jacket … **Whim Gazette**
shirt … **GAP**
denim … **PLST**
bag … **MUJI**
shoes … **UNITED ARROWS**
glasses … **JINS**

基本の【ボーダー】

色、素材、ボーダーの幅、合わせるアイテムによって印象が変えられる奥の深いアイテム。「ボーダーを着るとモテない」といわれる所以は、モテない着方をしているだけ。自分をどう見せたいかによって自由自在に印象は変えられると信じています(笑)。

[肩]
- shoulder

きれい目ボーダーなら肩の部分だけ無地の切り替えタイプがオススメ。総柄ボーダーはボーイッシュでややカジュアルな印象に。

[首まわり]
- around neck

ネックの詰まりがなく、ほどよいあきのものを。着やせ効果がねらえます。

[ピッチ]
- pitch

太すぎず細すぎず、ほどよいピッチがオススメ。

[サイズ感]
- width

シャツインする時のことを考えてほどよいゆとりがあるものがよいです。

STRIPE

knit … MACPHEE
cardigan … COMME CA ISM
pants … UNIQLO
pumps … Ami Ami
bag … OTTO GATTI

ボーダーくらべ

ボーダーは横幅を強調する性質上、着膨れして見えてしまいがち。
視覚効果を狙って、スタイルアップして見えるものを選びましょう。

width

幅の違いで体型補正

左_すっきりシャープ（細く見せたい人、小柄な人向け）
右_太い：着膨れして見える（やせている人向け）、また左のボーダーよりもカジュアルな印象に

細い

太い

color

地の色は濃いほうが着やせ効果アリ

ボーダー柄で太って見えがちの人は地の色を白でなく、濃い目の引き締めカラーをチョイスすると良いです。

太って見える

着やせして見える

design

デザインによる印象の違い

左_カジュアルでややボーイッシュな雰囲気。
右_きれい目スタイルによく合う。また、細い糸で編まれたもののほうがより品良く見えます。無地の部分が、顔回りを明るく見せてくれる効果もあり。

総柄ボーダー

肩まわりが無地のもの

ボーダーの着方バリエーション

鉄板カジュアルアイテムゆえに、どうしても人と同じになりがち。
普通のボーダーでおしゃれに見える着方、教えます！

ジャケットのインナーとして

かちっとした印象になりがちなジャケットも
ボーダーでカジュアル&脱無難。

シャツを重ね着

シャツの襟、袖、裾を出して着ることで
リラックス感のある雰囲気に。

ボーダーを肩がけに

ボーダー柄がほどよいアクセントになり
こなれた印象に。腰に巻いてもOK！

ボーダーにさし色を腰巻きで

ボーダーをそのまま着ただけで物足りない
場合はカラーカーディガンでさし色を。

[Stripe Coordinate]

recommend coordinate N°02

イエロー2点差しで夏の日差しに
負けないアクティブコーデ

さし色を2点入れることを「色を散らす」というそうですが、その技を使ってみました。正面から見て、きかせるカラーは小面積にとどめるのがポイント。夏のバカンススタイルに。

hat … **arth**
tops … **Le minor**
knit … **NOMBRE IMPAIR**
pants … **UNIQLO**
bag … **MASION KITSUNÉ**
sandal … **Havaianas**

recommend coordinate N°01

パールをあしらいカジュアルなボーダー
をきれい目にシフト

とろみ素材のパンツとパール使いでカジュアルなボーダーを品良く格上げ。

tops … **Le minor**
bag … **IACUCCI**
pants … **UNIQLO**
sandal … **Boisson Chocolat**
stole … **ZARA**

054

[Stripe Coordinate]

recommend coordinate N°04

スカートとの相性もよい、
着まわし力抜群のボーダー

大人かわいいネイビー×ピンク配色。こんなインパクトのあるピンクは辛口な色と合わせて上品さをキープ。

tops … **MACPHEE**
skirt … **UNIQLO**
bag … **kate spade NEW YORK**
pumps … **VII XII XXX**

recommend coordinate N°03

白デニムを合わせて爽やかさ
満点のマリンコーデ

デニムシャツのブルーでメリハリとこなれ感を。メタリックなパンプスはポインテッドトゥを選ぶのが今っぽい。

hat … **Marui**
tops … **MACPHEE**
denim … **UNIQLO**
shirt … **AMERICAN RAG CIE**
bag … **&.NOSTALGIA**
pumps … **Boisson Chocolat**

基本の【ふんわりスカート】

大人の女性にこそぜひ試してもらいたい、膝下丈のふんわりスカート。スカートの裾をひらひらと風になびかせ、いつもと違うレディな気分を楽しめます。

SKIRT

[合わせるトップス]
- tops

スカートにボリュームがあるので、アウター含め、トップスはコンパクトにまとめると良いです。髪型もまとめた方が全体のバランスが取りやすいです。

[ウエストまわり]
- around waist

ハリ感があり、ウエストまわりにたくさんギャザーがはいっているものは、はくとポンっとひろがるので、選び方は慎重に。

[丈感]
- length

体のラインにそって裾がストンと落ちるようなもの、膝がぎりぎり隠れるくらいの丈感のものが大人に合います。

[合わせるシューズ]
- shoes

スポーティーなスニーカーでハズすのもよし、スタイルアップ効果を狙うならヒールがオススメ。春夏ならスカートのボリュームをしっかり受け止めてくれるウエッジソールも好相性。

スカート丈で変わる印象の違い

若々しい　大人っぽい　エレガント

shirt — GAP
skirt — MACPHEE
sandal — ADAM ET ROPÉ
bag — RODE SKO

[Skirt Coordinate]

DENIM JACKET

recommend coordinate N°02

カジュアルな組み合わせでも
白スカートなら品良くまとまります

30歳を過ぎたら、甘めな白スカートは辛めに仕上げるのが◎。こんなテイストミックスコーデも大人ならでは。

denim shirt ··· **AMERICAN RAG CIE**
skirt ··· **Whim Gazette**
bag ··· **ne Quittez pas**
shoes ··· **adidas**

recommend coordinate N°01

ふんわり甘めなスカートを
Gジャンでカジュアルテイストに

甘辛ミックスの定番コーデ。時計、バッグ、サンダルの色を合わせてきちんと感を。スカートの色とGジャンの色落ち感をリンクさせて統一感を。

denim jacket ··· **YANUK**
inner tops ··· **UNIQLO**
skirt ··· **NATURAL BEAUTY BASIC**
bag ··· **MASION VINCENT**
sandal ··· **ADOM ET ROPÉ**

058

[Skirt Coordinate]

recommend coordinate N°04

黒を投入してリッチ感のある
夏のカジュアルコーデ

かごバッグとサンダルの色味を合わせて上品に。
定番アイテムに辛めハットをプラスして脱無難。

tops … UNIQLO
skirt … MACPHEE
bag … Sans Arcidet
sandal … ADAM ET ROPÉ
hat … Marui

recommend coordinate N°03

こなれた配色ならこれがオススメ!
水色×カーキ

大好きな水色×カーキ合わせ。ぼんやりしがち
な配色なので、白小物でキリッと引き締めを。

knit … martinique
skirt … MACPHEE
bag … IACUCCI
pumps … Ami Ami
sun glasses … aquagirl
stole … 5351 POUR LES FEMMES

[Skirt Coordinate]

recommend coordinate N°06
白×ネイビー×赤のトリコロール
配色でさりげない大人可愛さを

むずかしいと思われがちな赤も、落ち着いたトーンを選べば、案外使えます。

tops … **Le minor**
skirt … **UNIQLO**
bag … **RODE SKO**
sandal … **Boisson Chocolat**

recommend coordinate N°05
フィット&フレアのクラシカルな
シルエットで気分は50年代

私にとって黒のタートルはクラシカルでとびきりエレガント。サングラスをアクセントに色数を抑えて大人っぽく。

knit … **UNIQLO(INES)**
skirt … **Whim Gazette**
bag … **RODE SKO**
pumps … **carino**
sunglasses … **aquagirl**

060

[Skirt Coordinate]

柄は
ヌで小物で

KHAKI SKIRT

recommend coordinate N°08

品のよいコーデに
アニマル柄でほどよいスパイスを

柄アイテムも小面積のバッグなら取り入れやすいです。レオパ柄×カーキの合わせは相性よくまとまります。

knit … **GU**
skirt … **MACPHEE**
bag … **IACUCCI**
booties … **Daniella & GEMMA**

recommend coordinate N°07

同系色のシャツとスカートを合わせて
ノーブルな雰囲気に

メンズライクなブルーシャツを女らしく。シャツのすそはすべてINしてウエストまわりはスッキリと。

shirt … **UNIQLO**
skirt … **UNIQLO**
bag … **IACUCCI**
pumps … **VII XII XXX**
sunglasses … **aquagirl**

基本の【カーディガン】

色や形、編み糸の太さや素材によってイメージが変わる、アウターでもインナーでも使える便利アイテム。肩がけや腰に巻いたりもできる、汎用性の高さが魅力。

CARDIGAN

[色]
- color

肩がけや腰巻きなどにしてさし色に使えるので、こんな鮮やかな色に挑戦しやすいのもカーディガンの魅力。

[Vネック]
- v neck

Vネックなら、カジュアルでリラックスした雰囲気が出せます。

[サイズ感]
- size

サイズ感はピタピタしすぎず大きすぎず、ちょうどよいフィット感のものを選ぶと◎。

[クルーネック]
- crew neck

クルーネックは女性らしいイメージ作りに有効です。

カーデの襟元コーディネート

クルーネックカーディガンの襟元のバリエーション。オーソドックスなアイテムだけに、無難になりがち。この組み合わせにとどまらず、自分らしいアレンジを自由に楽しみたいです。

ELEGANCE

パールでエレガントに。ボトムスはラフにカジュアルダウンさせてバランスを。

MANNISH

襟はあえて出さずにシャツイン。メンズライクな気分で。

FEMININE

シルクスカーフでレディな気分に。

SHIRT IN

ボタンは開けてラフなシャツインスタイル。ちょい辛めで女性らしい印象。

糸の太さや編み地の密度で印象が変わる！

ローゲージニット

（糸が太めでざっくりした編み目、生地は厚い）
ラフ、カジュアル、リラックスした印象

ハイゲージニット

（糸が細く、編み目が細かい、生地は薄い）
上品で洗練された印象

[Cardigan Coordinate]

recommend coordinate N°02

シンプルコーデをベースに
トレンドアイテム1点投入で今っぽく

ベーシックカラーでまとめたシンプルコーデ。無難にならないよう巾着バッグでトレンドアイテムを1点投入。

cardigan … UNIQLO
inner tops … UNIQLO
denim … UNIQLO
bag … MASION VINCENT
pumps … VII XII XXX

recommend coordinate N°01

ざっくり編みのVネックカーデを羽織って
ゆるっと女らしく

バッグの色をピリッときかせて王道のネイビーコーデをフレッシュに。色をきかせるためほかの色はシンプルにするとまとまりがよいです。

cardigan … UNIQLO
shirt … THOMAS MASON for ROPÉ
pants … PLST
bag … PotioR
pumps … VII XII XXX

064

[Cardigan Coordinate]

PINK CODE

recommend coordinate N°04

ダークトーンのアウターとボトムスに
カーディガンで明るめピンクのさし色を

さし色インナーとして使えるのは、汎用性の高いカーディガンならでは。カジュアルですがシャツインできれい目に。

coat ··· **COS**
cardigan ··· **UNIQLO**
shirt ··· **MUJI**
denim ··· **UNIQLO**
bag ··· **MAISON KITSUNÉ**
shoes ··· **adidas**

recommend coordinate N°03

カーゴパンツもグレーのカーディガンで
優しげで落ち着いた印象に

無難なカーゴパンツが女性らしく見えるのはまさにヒール合わせの妙。メンズライクな雰囲気から女っぽさがにじみ出るようなコーデが好きです。グレーをちりばめて全体の統一感を。

cardigan ··· **UNIQLO**
inner tops ··· **UNIQLO**
pants ··· **PLST**
stole ··· **5351 POUR LES FEMMES**
bag ··· **&.NOSTALGIA**
pumps ··· **Ami Ami**

基本の【トレンチコート】

私にとってトレンチコートは羽織るだけで背筋が伸びて、ちょっと良い気分にさせてくれる、定番にして特別なアウターです。選ぶ際には大人の審美眼が試されるアイテム、実は私も過去に何度も失敗してきました。まずはオーソドックスなベージュを1枚。2枚目ならネイビーが着まわしやすくて、黒ほどハードにならないのでおすすめです。

[襟]
- collar

少し立たせ気味で着るのもオススメ。襟の立ち上がりも試着でしっかりチェック。身長が気になる人は襟は小さめがバランスよいです。

[色]
- color

少し濃い目のベージュが大人っぽい。

[エポーレット(肩章)]
- shoulder strap

メンズライクな印象。どちらかというと肩幅狭め、なで肩の人におすすめ。ついていない場合もあります。

[素材]
- material

ハリの有無など、似合う素材は人それぞれ。撥水効果は水をはじくだけでなく、汚れ防止効果もあり、クリーニング店でも同様の加工は可能です。

[ライナー]
- liner

取り外し可能な裏地。ライナーがついている方が秋〜春と長い間着ることができる。春のトレンチはライナーがないものが多いので、秋冬に出回るトレンチがオススメ。

[ボタン]
- button

黒か濃い色を選ぶとキリッと引き締まった印象に。

[袖]
- sleeve

袖付けはラグランスリーブとセットインスリーブがある。ラグランは肩とひと続きになった袖の形で、肩幅を目立たなくする視覚効果アリ。

[丈]
- length

ひざが隠れる程度の長さがおすすめ。身長が気になる人はそれ以上長くならないよう、コンパクトな丈を選ぶとバランスがとりやすいです。

TRENCH COAT

trench coat … &.NOSTALGIA
knit … UNIQLO
skirt … UNIQLO
bag … IACUCCI
pumps … PRINGLE1815

トレンチコートを女性らしく着るためのテクニック

メンズ発祥アイテムのトレンチはただ着るだけでは垢抜けない印象になりがち。
あえてラフに着くずすことで、おしゃれアイテムに変わります。

CHECK POINT
Button
[ボタン]：ボタンは全て外して、コートの中の着こなしが少しのぞくように縦のラインを作る。

CHECK POINT
Sleeve
[袖]：袖口は折り返し、インナーをのぞかせ、たくし上げる。

CHECK POINT
Belt
[ベルト]：どちらかにずらしてきゅっと結び、女性らしいウエストラインを作る。そしてラフに片結びを。

CHECK POINT
Hem
[裾]：スカート着用でコートの裾からはみ出す場合、長くても5〜6cm以内がバランスよいです。

きちんと着てしまうとカチッとしすぎてどこか垢抜けない印象に。

068

後ろで片蝶々結び

ウエストをしぼるとラインがきれいに出ます。

① バックル側を短くして交差させる。

② 剣先側(バックルがない方)をウエストベルトの下から通す(こうするとだらりと落ちてこない)。

③ 通し終わったら、剣先側をそのまま左へもっていく。

④ 剣先側は結び目の下を通し、右斜め下へ。

⑤ 右斜め下の剣先を二つ折りにして、その先端を結び目の輪に通す。

⑥ 二つ折りした部分とバックルを引っ張り、形をきれいに整えて完成。

ベルトを結ばず、両サイドのポケットに入れるとリラックス感が出ます。

2枚目に買うならネイビーがオススメ。白をのぞかせてヌケを作るのがポイント。

[Trench Coat Coordinate]

recommend coordinate N°02

トレンチコートを気負わずカジュアルに。
パーカ合わせでリラックススタイル

トレンチをデニムでラフに着くずしても、足元が
きれい目黒ローファーなら品良くまとまります。と
ころどころ白でヌケをくわえているのもポイント。

trench coat ··· **&.NOSTALGIA**
parka ··· **UNIQLO**
t-shirt ··· **MOUSSY**
denim ··· **MUJI**
bag ··· **MUJI**
glasses ··· **JINS**
shoes ··· **UNITED ARROWS**

recommend coordinate N°01

トレンチコートとトーンを合わせた
深めのグリーンで上品&シックに

ベージュと相性のよいグリーンなら難なく取り
入れられます。全体をベージュでまとめ、グリー
ンをきかせて大人の上品カジュアルスタイル。

trench coat ··· **&.NOSTALGIA**
knit ··· **UNIQLO**
pants ··· **GAP**
bag ··· **MASION VINCENT**
stole ··· **5351 POUR LES FEMMES**
pumps ··· **BOUTIQUE OSAKI**

[Trench Coat Coordinate]

recommend coordinate N°04

トレンチからシャツの襟をのぞかせて
大人可愛いスカートスタイルに

カジュアルもきれい目も合わせを選ばないトレンチは可愛いめテイストもOKです。トートバッグでコーデにはずしを。

trench coat … **&.NOSTALGIA**
shirt … **UNIQLO**
knit … **ZARA**
skirt … **Ballsey**
tights … **3COINS**
bag … **MAISON KITSUNÉ**
shoes … **SEPTEMBER MOON(BEAMS)**

recommend coordinate N°03

トレンチコーデをベージュ×水色×白の
洗練された大人配色で魅せる

全体を淡い色でまとめているのでサングラスでひきしめ。トレンチコートの黒ボタンも同様の効果アリ。

trench coat … **&.NOSTALGIA**
knit … **martinique**
pants … **UNIQLO**
bag … **IACUCCI**
pumps … **Boisson Chocolat**
sunglasses … **aquagirl**

キッズコーデ

わが家には小学生の男女の双子がいます。男の子と女の子なので、おそろいの洋服を着せることはないですが、色か柄でリンクさせて、お出かけの際など統一感が出るようにしています。子ども達の洋服はＺＡＲＡやＵＮＩＱＬＯ、Ｈ＆Ｍなどが多いです。

NAVY

YELLOW

CHECK

CHECK

Kids Shoes
[くつ]

通学・公園用とお出かけ用で靴を分けて、通学・公園用は機能性重視、お出かけのときはきちんと感を出すようにしています。

[通学・公園用]

軽くて底が固すぎず、屈曲性のあるものを選ぶようにしています。(adidas)

[お出かけ用]

ネイビー、グレー系の洋服が多いので合わせやすいものを。お出掛け用の靴はZARAが多いです。(ZARA)

Chapter 03

COLOR
& GOODS

色と小物の法則

———

少ないワードローブでOK!
色合わせ、小物合わせで脱無難

about INSERT COLOR

MY RULE No 01

おしゃれの極意はさし色使いにあり！

ベーシックカラーに、さし色は基本的に1コーデにつき1色1点まで。色で個性を出して自分らしさを。はじめは靴やバッグなどの小物や、肩がけニットなど面積が小さいパーツからさし色をとりいれるのがオススメです。

[insert color]
YELLOW
［イエロー］

フレッシュな印象で気分や表情
まで明るくなるハッピーカラー。

春夏はレモンイエローやビビッ
ドなイエロー、秋冬はマスター
ドなど季節に合わせて楽しんで。
イエローとベージュは同系色
なのでよく合います。

色の取り入れ方がわかるとファッションはもっと楽しい！

● ● ●

[insert color]
RED
[レッド]

インパクトのある色ですが、バランスよく取り入れると品よく女度をアゲてくれる色。

パンプスはエナメル素材のポインテッド・トウがかっこいい。

● ● ●

[insert color]
GREEN
[グリーン]

着る人を選ばず主張しすぎないけど存在感がある万能色。

自然色でどんな色にも調和する、オススメさし色カラー。

春夏には明るくフレッシュなグリーン、秋冬は落ち着いたトーンのグリーンを。

076

about **INSERT COLOR**

[insert color]
BLUE
[ブルー]

さわやかで取り入れやすい色ですが、寒々しくなりがちなので、茶系のアイテムと組み合わせるとバランス良し。

濃い目のブルーボトムスならデニム感覚で使えます。

[insert color]
PINK
[ピンク]

色自体が甘いので可愛くなりすぎないよう、形や素材、合わせるアイテムに気をつけたい色。トータルでちょい辛めに仕上げると◎。

使える！配色図鑑

MY RULE No 02 — about **COLOR CHART**

おしゃれな人は配色もウマい。ベーシックカラーとの組み合わせで、
取り入れやすい色合わせをリアルに再現してみました。
いろんなイメージで取り入れてもらえると嬉しいです。

GRAY STYLE

グレー

グレーだけのワントーンも素敵ですがどんな色とも調和してくれるかなり便利な色。組み合わせによってはぼやけた印象になりがちなので、引き締め色を効果的に使うと良いと思います。

[グレー×ピンク] パステル調のピンクも、定番色のグレーとなら間違いなくこなせます。春の定番配色。

[グレー×モスグリーン] 一見難しそうなモスグリーンですが、グレーが含まれているので、デニムのグレーと難なく調和します。

[グレー×サックスブルー] グレーがサックスブルーの明るさをキリッと引き立て知的な印象に。

078

NAVY STYLE

ネイビー

ネイビーには色々なニュアンスがありますが黒ほど重くなりすぎず、日本人の肌との相性が良い色とされています。どんな色も品よく仕上げてくれる使い勝手のよい色です。

[ネイビー×ベージュ] アイビー的スタイルになってしまいましたが、洋服はネイビー、小物でベージュなどでも応用のきく配色です。

[ネイビー×グリーン] どことなくレトロで知的な雰囲気漂う配色。ネイビーならどんなトーンのグリーンとも調和します。

[ネイビー×イエロー] 色もトーンも対照のメリハリ配色。明度差があるので、お互いの色が引き立つ配色です。

KHAKI STYLE

カーキ

案外どんな色にも合い、年中使える万能色。ミリタリーのイメージが強い色ではありますが、配色次第で大人シックな雰囲気を演出することができます。

White × Khaki

Pink × Khaki

Gray × Khaki

Navy × Khaki

Blue × Khaki

[カーキ×ピンク] 無骨なイメージのカーキに淡いピンクを合わせることでたちまちふんわり優しげな印象に。

[カーキ×ホワイト] 白を合わせて明るさと清潔感を。カーキシャツに白デニム合わせなども素敵です。

[カーキ×グレー] こなれ感が出せる鉄板配色。実際には上下逆の組み合わせもよくやります。

[カーキ×ブルー] 明るめブルーで爽やかな印象に。メンズライクな配色ですがなぜか女らしく見えます。

[カーキ×ネイビー] 大人っぽいですが重たい印象になりがちなのでどこかに明るい色をプラスするとバランスが取れます。

080

BLACK STYLE

ブラック

一緒に合わせる色を力強く引き立ててくれる色なので、他の色との組み合わせを楽しめます。部分的に使うだけでコーデ全体の引き締めにもなり、プチプラアイテムでも高級感を演出できる色です。

[ブラック×ブルー] 鮮やかなブルーが一番映えるのはブラック(だと勝手に思っています)。キリっと引き締まった印象に。

[ブラック×ピンク] 優しげな淡いピンクに辛口の黒。30歳を過ぎたら『ピンクは可愛く着ない』が正解です。

[ブラック×カーキ] カッコいいですが暗めな印象になりがちなので、適度な肌みせで抜け感を出すとうまくいきます。

Yellow × Beige

Gray × Beige

Blue × Beige

BEIGE STYLE

ベージュ

どんな色にも合いやすく、品良く女性らしさを引き立ててくれる色ですが、グレーが強かったり赤みが強かったり、色みも様々なゆえに難しいと感じている人も多いはず。自分に似合うベージュをよく吟味して選びたい色です。

[ベージュ×イエロー] 一見難しそうなイエローも、定番のベージュが大人っぽくまとめてくれます。同系色なので統一感もあり。

[ベージュ×グレー] ベーシックカラー同士で間違いない配色ですがぼんやりしがちなので引き締めカラーを1色入れるとよいです。

[ベージュ×ブルー] トーンを合わせてまとまりのある印象に。ベージュを含む茶系とブルー系の相性は抜群です。

MY RULE No.03

about ACCESSORIES & WATCHES

アクセサリーと時計のおすすめ使い方

人の視線が集まる手元。バングルやブレス、時計を組み合わせる
バリエーションは無限大！その日の気分に合ったものを自由に楽しみましょう！

① 色みを統一

素材はバラバラでも色で統一感を。
シルバーや白、黒などでもアリ。

② さし色MIX

手元のさし色はターコイズがおしゃ
れに見えて取り入れやすいです。

③ 異素材MIX

革ベルトとチェーンの組み合わせ。
キリっとかっこよく仕上げたい時に。

④ ゴールド×シルバーMIX

あえてのゴールド系とシルバー系
のミックス。混ぜてもいいんです。

⑤ 大小MIX

時計に華奢なチェーンを。女性らし
い印象にしたい時に。

⑥ ぐるぐるブレス使い

大きめで厚みがある時計とぐるぐる
ブレスで手元にボリューム感を。

> 時計もアクセ感覚で

高価なものは持っていないですが、メンズライクなビッグフェイスのものから女性らしい華奢なものまでそろえています。あとはスチール製のものがあれば便利です。

01: TiCTAC 02: NO BRAND 03: THE GINZA 04: SWISS MILITARY

> おすすめのパール使い

フォーマルだけじゃない！カジュアルアイテムのハズしに

カジュアルコーデにエレガントな印象のパールを。
その意外な組み合わせがおしゃれに見えます。

ボーダー

ロゴT

デニムシャツ

> ロングネックレスの効果

首のつまったトップスはVネックに比べ、首が短く見えたり胸元の印象が寂しくなりがち。そんな時は長めのネックレスで解決。

> リング使い

きゃしゃなリングは並べづけ、重ねづけが今っぽいです。

about BELT

ベルト使いにはコツがある

ひとまずベルトは黒、白系があればＯＫ、3本目に茶系があると便利です。ベルトをすることでコーデがキリッと引き締まり、きちんと感が出せます。

ポイント！ 使い方は大きく分けて、色をなじませる、さし色としてきかせるかのどちらかです。なじませると大人っぽくシックに、きかせるとカジュアルでアクティブな印象に。

なじませ

きかせる

きかせる

ワンピやアウターの上からウエストマークするとスタイルアップ効果あり！

① 編みのベルトはベルトの穴がなく、どの位置でも調整できるので便利です。

② 型押しのベルトはきちんと感を出したいときに。あえてラフな感じを出したいときはベルトはなしでもOK！

about GLASSES

サングラスとめがねをアクセントに

紫外線から目を守るためだけでなく、コーデをおしゃれにきりっと引き締めてくれる、ファッション性の高いサングラスにチャレンジ！

（サングラス）

黒では迫力が出すぎるのでブラウン系を集めています。
aquagirl（アクアガール）

大きすぎるもの、透けすぎはちょっと怖い。

ただかけるだけでコーデ全体を引き締めてくれます。スッピン隠しにも最適（笑）。

ただの飾りでなく、胸元にかけてワンポイントに。サングラスが気恥ずかしい人はまずはここから。

（メガネ）

アクセサリー感覚で取り入れられるので、メガネを上手に活用するとコーデや印象の幅も広がります。私が一番愛用しているのはブラウン系のべっこう。馴染みがよいので使いやすいです。(JINS)

about **BAG**

ねらい目はセレクトショップ！愛用バッグたち

MY RULE
№ 06

02
OTTO GATTI

置くと自立する、きちんと感のあるバッグ。特にネイビーとの相性抜群、イタリア製。(IENA)

01
LORENS

ビニール素材のチェーンバッグは面白いなぁとずっと目をつけていたものを、セール価格になってから購入しました。雨の日にも大活躍！
(Spick and Span)

MY FAVORITE BAGS!!

03
PotioR

黄色のさし色が欲しくて購入。機能性とデザインのバランスがとても良いドメスティックブランド。
(ESTNATION)

04
ne Quittez Pas

オリエンタルな織り柄と温かみのある生地に一目ぼれしたバッグ。主にインドで制作されているブランドですが、デザイナーは日本人。
(NOLLEY'S)

086

お金をかけても良いと思っているもののうちのひとつはバッグ類。
だからといってハイブランドのものはちょっと高すぎる。
そんな私にちょうどいいのがセレクトショップのバッグです。
バイヤーのセンスが光る、海外の老舗バッグメーカーのものなど、人とカブらず、
上質かつお手頃な価格のものに出会える可能性大。セールもかなり狙い目です。

06
MASION KITSUNE

カジュアルはもちろん、きれい目コーデのハズしに。黒字のロゴがコーデ全体の引き締めにもなり、かなり重宝しています。(ネットのセレクトショップで購入)

05
IACUCCI

アニマル柄は、バッグやシューズなど、小物でプラスするとコーデのさりげないスパイスに。好みのものをセールで購入できたのでラッキーでした。(IENA)

07
IACUCCI

雑誌で見て一目惚れした白バッグ。イタリアの老舗バッグブランドですがお手頃でした。(aquagirl)

09
MAISON VINCENT

何色にも馴染んでくれる色で使い勝手よく、2wayなのでコーデの幅も広がります。有名メゾンのバッグも手がける工場で生産されている、コスパの良さが魅力のイタリアのバッグブランド。
(Spick and Span Noble)

08
Sans Arcidet

マダガスカル産ラフィア素材で作られたシンプルなかごバッグ。ハンドメイドならではの温かみがあり飽きのこない1品。マダガスカルで育った姉妹が立ち上げたフランスのブランド。
(UNITED ARROWS)

LET'S ENJOY!
Winter Day

冬の足元どうするよ？問題

靴とボトムスは何色でどんな素材でつなぐべきか？
冬こそいろいろなバリエーションが楽しめる季節。
タイツのおかげでスカートコーデも存分に楽しめます。

[パンツの場合]

ライン入りソックス＋スニーカー

ボーイフレンドデニムにライン入りソックスでちょっとやんちゃな雰囲気に。ライン入りソックスは3coinsのものを愛用。

きれいめクロップドパンツ＋ヒール靴

無地の黒ストッキングできれいめに。保護者会など、改まった場所へ出かける時に。

ぺたんこ＋厚手リブソックス

黒ソックスは無難に見えがちなので、リブ素材のグレーがオススメです。ボトムスと靴をつなぐなじませ色を選ぶのがコツ。

あえて素足！

周りから止められますがやめられません。おしゃれは我慢！と割り切ってます（笑）。（浅履きソックスは履いてます）。

[ボリュームのある靴]

ハイカットのスニーカー

ベージュブーティー

靴にボリュームがあるので、足首は少しだけ肌見せすることで抜け感が出てバランス良し。

[スカートの場合]

可愛いめコーデ＋オジ靴

ちょっと可愛いめコーデには辛目のオジ靴が大人コーデのスパイスに。タイツはあえて黒を選ばずチャコールグレーで垢抜けを。

パンプス＋ソックス

年に1度くらいの合わせですが、年齢的に甘く見えるとイタいので、せめて色は辛口に。冬限定でなくオールシーズンOK。

スニーカー＋タイツ

カジュアルコーデにはリブ素材のタイツを。スニーカーにはインソールを入れて(→P30参照)、膝下を長くみせるとスタイルアップ効果あり。

ブーティ＆タイツ

LET'S ENJOY!
Rainy Day

雨の日をポジティブに楽しく♡

何を着ていいか迷ったり憂鬱な気分になりやすい雨の日。
そんな時こそ気分の上がるアイテムで楽しく快適に♪

イエローリネンシャツ
＋ストライプの傘

独特のシャリ感があり、ベタつきがちな日にもさらっと着られるリネンシャツは梅雨時にもオススメ。明るい色のシャツを選べば顔映りも気分もGood! ところどころに白を散りばめて清涼感を。

レインコート
＋ベージュの傘

どしゃぶりの日は、レインコート＆ブーツで完全防備。白パンもブーツインしてしまえば泥ハネもへっちゃら。大好きなトレンチ型レインコートなら気分も上がります。

ギンガムチェックシャツ
＋ピンクの傘

白×黒のギンガムチェックシャツは水濡れが気にならず、ジャージー素材のスカートならシワの心配もなし。ピンクのきれい色の傘で、どんよりした気分も吹き飛びます。

雨の日に愛用しているもの

rainy goods _ 1

[愛用傘はこの3本！]

傘もコーデの一部なので、その日のコーディネートに合わせて選びます。柄・きれい色・どんな色にも馴染むベージュの3本。

rainy goods _ 2

[ポケッタブルレインコート]

ポケッタブルなので重宝しています。トレンチコート型のところがお気に入り。汚れが目立たないネイビーを。

雨の日に注意が必要なアイテム

・水に濡れると濃くなる色のもの（グレーや水色など）
・透け感のあるシャツやブラウス（雨に濡れるとさらに透けて貧相に）
・シルクやレーヨンなど（水濡れに弱い素材）
・革製品（変質、雨ジミの恐れあり）

rainy goods _ 3

[折りたたみ傘]

晴雨兼用で年中重宝しています。ちょいマリンな感じが◎。

rainy goods _ 4

[リネンシャツ]

リネン素材はシワを気にせず、吸湿速乾性に優れた素材なので、ジメジメが気になる梅雨どきには特にオススメです。

rainy goods _ 5

[レインブーツ]

どんな洋服にも合わせやすいようにブラウンを選びました。スカートでもブーツインもOKなロングタイプが便利。

rainy goods _ 6

[合皮素材のバッグ]

本革や、布バッグに比べて雨に強いので、気兼ねなく持てます。濡れたらきちんと乾かすことも忘れずに。

rainy goods _ 7

[PVC素材のバッグ]

雨の日用に買いましたが結局普段もよく使ってます。透け感があって涼しげなところも気に入っています。

rainy goods _ 8

[防水スプレー]

防水、防汚効果があるので、表革、スエード、合皮アイテムのみでなく、キャンバス素材のかばんなどにも使っています。

オールシーズン必要! 紫外線予防対策

ほんの数秒浴びるだけで、肌の奥まで達し、肌の老化を招くという恐ろしい紫外線。どんなスキンケアよりもまずは紫外線を浴びないことが大切だと信じています。UVクリーム類は肌への負担が少ないものを選んでいます。

1：ロンググローブ
夏場の外出時や、自転車に乗る時や車の運転中は季節を問わずつけています。
(100均で購入)

2：日焼け止めスプレー
夏場の外出用、主に顔用に使っています。メイクの上からシューッとできるので便利です。
(紫外線予報 UVスプレーSPF 50 PA++++ 体・顔用 石澤研究所)

3：日焼け止めクリーム
高い紫外線防止効果がありながら、肌に優しく、保湿力もある君島十和子さんの日焼け止めを何年も前からリピートしています。
日焼け止め用クリーム(FTC UVパーフェクトクリーム プレミアム50 50g/ SPF50 PA+++ フェリーチェ・トワコ)

4：日焼け止めジェル
持ち歩き用として、外出先などで必要に応じて使用しています。
(紫外線予報 アウトドアUVジェル SPF30 PA+++ 身体用 石澤研究所)

5：ポンプタイプジェル
ちょこっと外出のときや子ども用に。ポンプ式なので、片手で使えてかなり重宝しています。
(紫外線予報 UVジェル SPF30 PA+++ 顔・体用 石澤研究所)

6：ストール
真夏の首・デコルテ焼け対策に。
(ZARA)

日傘も忘れずに!

Chapter 04

HOW TO SELECT

賢い買い方・選び方

———

ここが知りたかった！
試着のポイントから
賢い買い物の仕方まで

· How to select smart way ·

実況中継！

シャツを試着してみました！
試着時のチェックポイント教えます

N°01

ちゃんと試着をして買ったのに、実際着てみたらいまいちだった……ということはありませんか？ また、定番ゆえに素材やシルエットもさまざまなシャツは、どう選んでいいかわからない、という声をよく聞きます。しっかりポイントを抑えた上でいざ試着！！

試着リポートGO！

1 まず素材感を確認
- Check the Material.

ハリや艶感の有無、シワのつきやすさなどをチェック。凛としたかっこよさが漂うのはハリのある素材、女性らしい色香漂うのはとろみ感のある素材、リラックス感が出るのは透け感のあるものやリネン素材など。

2 肩のラインと身幅のチェック
- Check the Shoulder Line.

次に肩のラインがキレイに出るかをチェック。シャツの基本はジャストサイズで肩が合っていることが重要ですが、トレンドにもよるので肩のラインが落ちて、身幅も程よくゆとりのあるものが今っぽいです。

3 ボタンをすべて留めてみる
- Check the Button.

首元が詰まっていると窮屈に見えるので注意。またボタンがすべて無理なくかけられるか、余分なシワがないかもあわせてチェック。

· How to select smart way ·

4 ボタンを2〜3個開ける
- Check the Neck Line.

Vゾーンの開き具合や形が、顔の形や首の長さとバランスが良いかチェック。こなれ感が出るかなど、全体の印象も確認しましょう。

5 襟をチェック
- Check the Collar.

襟の立ち上がり具合を確認。襟の形(大きさやデザイン)、開き具合が好みかをチェック。素材によっては、ここが決まらないと残念な印象になります。

6 袖がまくりやすいかチェック
- Check the Arm Line.

私は袖をまくって着ることがほとんどなので、まくりやすさは案外重要。袖をまくった状態で、腕をまわして窮屈でないかもチェック。

7 後ろ姿もぬかりなく
- Check the Back Style

最後に!忘れてはならないのが案外見られている後ろ姿。隠したいお尻まわりをしっかりカバーしてくれる丈感か、また背中のシルエットを含めてしっかりチェック。

· How to select smart way ·

N° 02

> お値段以上！

プチプラアイテムはこう選ぶ！

選ぶならリッチに見せる効果のある黒、そしてチャコールグレー、濃紺など、なるべく濃い目の色ならお値段以上のものがねらえます。また白も、白が持っている清涼感で、リッチに見せてくれる効果があります。

shirt … MUJI
skirt … UNIQLO
pumps … VII XII XXX

 POINT 1 パステルなどの、明るく淡い色、かつペラペラした薄い素材のものは、良くも悪くも素材感が出やすいので要注意。

 POINT 2 プチプラアイテムはトータルできれい目コーデに見えるようにまとめる。コツはどこかにきれい目アイテムを投入すること、全身ルーズにしない。例えば洋服が上下カジュアルなら靴はムートンブーツでなく、ヒールパンプスを合わせるなど。

096

· How to select smart way ·

高見せおすすめアイテム一覧
値段がバレにくいのは黒などの濃い色と、ずばり白!!

賢い買い方を!

1 [UNIQLOニットカーデ]	2 [GAPシャツ]	3 [GUコート]
ネイビー	ネイビー	グレー
4 [UNIQLOタンクトップ]	5 [UNIQLOフレアスカート]	6 [UNIQLOタイトスカート]
ブラック	ネイビー	ブラック
7 [GUニット]	8 [UNIQLOデニム]	9 [無印良品シャツ]
オフホワイト	ホワイト	ホワイト

How to select smart way

お役立ち！

コスパブランド活用術

（この情報は2016年2月時点のものです）

N°03

ALL UNIQLO!

1　ユニクロ
- UNIQLO

コスパの良い機能性インナーなどをはじめ、質の良いベーシックでカジュアルなアイテムが揃います。毎週金曜日のチラシチェックから、有名デザイナーとのコラボまで、とにかく目が離せない国民的ブランド。超大型、大型店限定商品は在庫が少ないので早めにオンラインでチェックしましょう。

- ☑ 新商品入荷日は店舗、オンラインともに月曜日。
- ☑ 返品交換は3ヶ月以内ならOK（要レシート）
- ☑ ユニクロのパンツなら、購入後でも裾上げしてもらえる。
- ☑ チラシ掲載の割引きのみでなく、モバイル会員限定で特別価格やお得なクーポンが届く。

2　ジーユー
- GU

ベーシックアイテムからトレンドど真ん中のものまで、アウターも5000円以下と低価格設定なので、お宝探しの気分で掘り出し物を見つけるのが楽しい。単に『ユニクロより安い店』というイメージを脱し、独自の個性とブランドイメージを発信し、急成長中。オシャレでリアルなコーデが提案されているオンラインサイトは一見の価値アリ。

- ☑ 商品入荷日は店舗、オンラインともに月曜日。
- ☑ 特にニット類は隠れた名品が多いので要チェック。
- ☑ 密かに人気なのはタイツや脱げにくいカバーソックス、ルームウェアなど。

3　プラステ
- PLST

シンプルかつ、トレンドをほどよく取り入れたオリジナルラインを展開しながら、センスの良いインポートアイテムが揃うセレクトショップ。自宅で洗えるアイテムが多いのも魅力で、着心地のよいワンピースなども多く揃います。

- ☑ きれい目パンツやデニム、カーゴパンツなど、バリエーション豊富な美脚パンツに定評アリ。
- ☑ カラバリ豊富で洗濯にも強いリブタンクトップは名品。
- ☑ オンラインストアを有効活用すると良いです。
  → 在庫無しの商品も、再入荷お知らせメール登録ができて便利。
  → 値の張るインポートアイテムはセールが狙い目。

· How to select smart way ·

今は低価格でも素材や縫製の良いものが手に入るようになりました。ここに挙げたショップはよくチェックするお店でもありますが、どのショップにも共通するのは品揃えの多さ。無駄買いを無くし、効率よくお買い物をするためにもオンラインで新作や割引き情報などをチェックしてから店舗へ足を運ぶのがオススメです。

4 ザラ
- ZARA

他のコスパブランドチェーンに比べると価格帯は少し高めですがヨーロッパをはじめ、全世界の最新トレンドファッションが揃う。各アイテムにより売り切れ次第終了なので、気になる商品は早めに購入が鉄則。

- ☑ サブブランドごとに客層のターゲットが分かれているが、ベーシックながら程よくトレンドを取り入れた『ZARA BASIC』がオススメ。掘り出し物は若者向け、カジュアルで低価格なラインの『TRF』で見つかることも。
- ☑ オンラインもオススメ！
  → 配送料、返品送料無料、またオンラインで購入した商品はどこの店舗でも返品可能で使い勝手良し。
- ☑ 一部店舗により異なりますが、新商品入荷は店舗、オンラインともに週に2回、月曜と木または金曜。
- ☑ ストールやバッグ、アクセなどの小物類も要チェック

5 無印良品
- MUJI

素材そのものの色合いを損なわないように配慮されたシンプルなカラー展開と、機能性や着心地を重視した、無駄をそぎ落としたシンプルなデザインがとても魅力的。

- ☑ ネットストアで【店舗受取可】マークのある商品は、指定の店舗にて受け取ることができる。その際、配送料は無料。店舗でのお支払い。
- ☑ ネットストアなら商品の店舗ごとの在庫状況をチェックできる。（1時間ごとに更新）
- ☑ ストールやマフラーは柄、カラバリ豊富でコスパ良し。
- ☑ デザインがシンプルなので、小物や髪形を工夫することが無印アイテム着こなしのコツ。

NET SHOP ゾゾタウン
- ZOZOTOWN

人気ブランドがとにかく多く集まり、色、形、丈など検索機能が充実しているのでピンポイントで好みのものを見つけやすく、トレンドも把握できるのでサイトはよくチェックしています。

ネットショップの注意点
サイズが合わない時など、返品のことも考えてマナーを守って試着しましょう！

- ☑ 試着が終わるまでタグは切らない
- ☑ 室内で試着する
- ☑ 汚さない、傷つけない、においをつけない
- ☑ 靴の場合はフットカバーを着用する
- ☑ 洗濯しない

· How to select smart way ·

アイテム別おすすめブランド

N° 04

デニムパンツ 1
ZARA

クラッシュデニムはZARA。とにかくバリエーションが多いのが魅力、当て布がついているタイプならダメージが広がる心配もなく、安心。

デニムパンツ 2
UNIQLO

ホワイトデニムはUNIQLOがオススメ。生地の厚みも程よく透けずに長持ちします。汚れたらガンガン洗えるのも魅力的です。

デニムパンツ 3
PLST

ベストセラーアイテムでもあるスキニーシルエットのリヨセル混デニムはデニムとは思えない柔らかい履き心地。コーデに迷ったらついつい手にとってしまいます。

クロップドパンツ 1
UNIQLO

ベルトループ有り、前開きで、センタープレスもきいているので、きちんと感があります。白でも透けず、コスパ良し、かなり優秀です。

クロップドパンツ 2
N.Natural Beauty Basic

きれい目パンツを探す時は必ずこのショップをチェックします。程よいトレンド感とコスパの良さが魅力。

カーゴパンツ
PLST

美脚シルエットのカーゴパンツならPLST。ポケットの位置や細身のシルエットなど計算され尽くしていて、ワークテイストのアイテムですが、女性らしく履ける一品。

· How to select smart way ·

バッグ1
ZARA

バッグ2
RODE SKO

種類が豊富なZARA。パーティー用に使えるものも多く、何かと助かってます。クラッチだけでなく、お仕事用やKIDSのものまでチェックしています。

お手頃価格が嬉しいURBAN RESEARCHのオリジナルバッグ&シューズブランド。気軽に普段使いできて重宝しています。

ストール1
ZARA

ストール2
MUJI

シンプルなものからプリント、ニット、ファーまでとにかく種類が豊富で、2000円台から揃います。

シンプルで肌触りの良いのが魅力。特にオーソドックスなチェック柄は、毎年変わるので、シーズンになるとチェックするのが楽しみなアイテムです。

アクセサリー1
FOREVER 21

アクセサリー2
ZARA

アクセサリー3
BEAUTY & YOUTH

このネックレスも指輪のセットもいずれも1000円以下。驚きのプライスながら、アクセは高く見える掘り出し物が見つかる!と評判は高いです。

シンプルコーデのアクセントとなるようなインパクトアクセサリーが充実。中でも比較的シンプルで日常使いしやすいものを選ぶようにしています。

UNITED ARROWSのカジュアルライン。中にはプチプラでない商品もありますが、ピアスが2000円台など、デザイン性のあるものもお手頃でよくチェックしています。

How to select smart way

N° 05

使える！

冬のヘビロテアウター

黒のチェスターコート

黒のカチッとしたチェスターコートの足元にはやはりヒールを合わせたくなります。そのコントラスト感が、どういうわけか女性らしさを引き出してくれる気がするのです。(Muse de Deuxieme Classe)

オリーブグリーンのコート

もともとこのオリーブグリーンの色が大好きで、店頭で探すも見つからず、ついにオーダーメイドで知り合いのお店で2万円ほどで作ってもらいました。どんなコーデも品よく辛めにまとまります。(Fit Me order made)

How to select smart way

ネイビーのダッフルコート

フロント部がジップになっているのでダッフル特有の甘さがないところが気に入っています。フードがついているので、これを着る時、髪はいつもまとめて顔周りはスッキリさせてます。(COS)

モッズコート

ちょっとした外出から公園まで、気負わず羽織れる便利なアウター。ライナー付なら、長く着られて1枚あるとかなり重宝します。(UNITED ARROWS)

UNIQLOウルトラライトダウンを見せずに着る裏ワザ

薄くて軽いので着ぶくれせず、アウターの下にも着ることができるので真冬の防寒対策に最適のインナーダウン。アウターからはみ出て見えてしまうのが難点でしたが、私の場合はこんな着方をしています。

NG きれい目コーデのとき、インナーダウンが見えてしまい、カジュアルな雰囲気に……。

① まず、一番下のスナップだけを後ろで留める。

② 第一ボタン付近を、内側に折り込む。

③ その上からアウターを着ると、全然中のダウンが見えません!!

④ ちょっとくらいめくれても目立ちません。

Chapter 05

BEAUTY

雰囲気美人のつくり方

───

一に髪、二に化粧、三衣装、
おしゃれの雰囲気は髪型で決まる！

おしゃれな雰囲気はヘアスタイルで決まる!

何を着ても垢抜けない!と悩みを持つ方々に共通するのは、髪型がシンプルすぎること。おしゃれな雰囲気を作るには、ヘアスタイルが最も重要だと考えています。 私は黒髪の超ストレートで、そのままだと外も出歩けないくらいのヤボったさ。トーンは少し明るくして、朝は必ず簡単にカーラーで巻いてニュアンスをつけるようにしています。

ホットカーラー愛用してます！

学生時代から愛用しているホットカーラー、すべての髪型のベースづくりに、ゆるっと巻くようにしています。これがとっても便利で巻いている間、朝の支度ができるので時短にもなります。

ONE POINT

巻く前に……

時間がなければ省くことも。

毛先のハネを元にもどしておく。

前髪におかしな癖がついていたら、気になる箇所の髪の根元を水でぬらして左右から交互にドライヤーをあててクセをとる。

日比理子流・ボサボサに見えない、無造作ヘアのつくり方

① 毛束をねじって巻く。

② 8個巻き終わり。ランダムでOK。

④ ケープを髪の表側と内側からふわっと吹きかけて、毛先にワックスをもみこんでラフに仕上げて完成。

③ ホットカーラーが冷めたら巻きを一気にくずす。ぐわーっとかきむしるようにするのがコツ。

かんたん、失敗なし、ヘアアレンジ集

―― Hair Arrange ――
低めシニヨン

辛めにも甘めコーデにも合わせやすい髪型。ジャケパンスタイルに合わせることも多いです。

How to ――

① 手ぐしでざっくりとひとつにまとめて、毛束をねじる。

② 毛束を中心にまきつける。

③ 根元をゴムでしばる。

④ 飛び出した髪の毛はピンで固定して整えて完成。

―― Hair Arrange ――
ポニーテール

きちんと結ばず、手ぐしでラフにするのが大人のポニーテール。大人可愛げのある雰囲気を出したい時に。

How to ――

① トップに逆毛を立てる。

② 手ぐしで、あごと耳上の延長線上で結ぶ。

③ 毛束にワックスをもみこんで、ラフな束感を出して完成。

Let's try hair arrange!
3 diffrent styles

—— Hair Arrange ——
シンプルまとめ髪

低めの位置でひとつにまとめた、ラフだけど女性らしいポニーテール。どんなスタイリングにもマッチします。

How to ——

① 手ぐしでざっくりひとつにまとめる。

② ぺたんとした印象にならないよう、鏡を見ながらトップ〜後頭部、サイドの髪の毛を軽くつまんでボリュームを調整する。

③ 毛束から髪をひと筋とり、ヘアゴムを隠すようにぐるっと巻いてピンで留める。

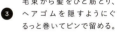

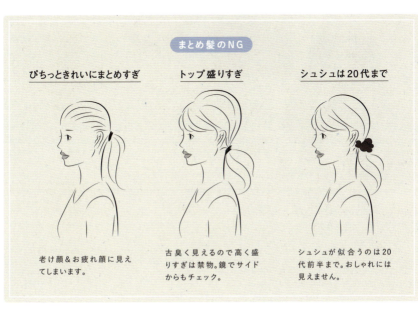

まとめ髪のNG

ぴちっときれいにまとめすぎ
老け顔&お疲れ顔に見えてしまいます。

トップ盛りすぎ
古臭く見えるので高く盛りすぎは禁物。鏡でサイドからもチェック。

シュシュは20代まで
シュシュが似合うのは20代前半まで。おしゃれには見えません。

ナチュラルメイクが今っぽい! MAKE UP

カジュアルな洋服がほとんどなので、ナチュラルメイク派です。年齢が上がるにつれ、乾燥やくすみが気になってきたので、特にツヤ感を意識してアイテムを選んだり、ハイライトを使ったりして補うようにしています。作りこみすぎず、メイク感と素肌感ぎりぎりのバランスを保てたら良いなと思っています。

愛用しているプチプラコスメ

MINON
- シートマスク

低刺激処方なので、安心して使えます。通販でまとめて安く購入するようにしています。

01_KATE:アイライナー/にじまず極細で描きやすいです。02_KATE:アイブロウペンシル/眉尻や足りないところに。芯の硬さと滑らかな描き味がお気に入り。03_Visee:チーククリーム/乾燥しがちな頬に自然なツヤが出ます。自然にボカせて案外使いやすいです。04_Curel:リップケアクリーム/唇が荒れやすいのですが、色々試してこれにたどり着きました。潤いが長く続きます。05_KATE:デザイニングアイブロウN/3色入りで濃さが自由に調節できて便利です。06_RIMMEL:アイシャドー/上品なパール感で肌なじみが良いです。07_RIMMEL:ハイライター/真っ白でないので肌になじみます。08_KATE:眉マスカラ/髪の色と合わせるために使っています。黒眉よりやわらかい印象に。09_MAYBELLINE:マスカラ/まつ毛保護のため、普段は塗りませんが、ここぞの時に。ダマにならず自然に長くなるので気に入っています。

POINT 1
ハイライト使い

目の下の三角ゾーンを明るくすると表情が明るい印象に！目の下にはテクスチャーが柔らかいリキッドタイプがオススメ。

1. 目の下あたりに数本ラインを描く。
2. 指で優しくトントン馴染ませる。

POINT 2
メイクブラシは良いものを

付属のブラシやチップより、肌あたりがふんわり優しいので肌への刺激が少なく、仕上がりも自然です。

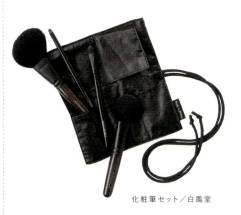

化粧筆セット／白鳳堂

POINT 3
チークはクリームチークがオススメ！

ヘアメイクさんにクリームチークを教えて頂き、それ以来やみつきに。Viseeのものを愛用していますが、立体感と自然なツヤ感が出るので、若々しい印象になります。

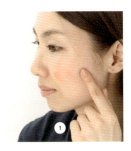
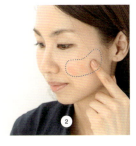

1. まずチークを指に取り、手の甲などになじませたあと、頬骨のきわに沿って、3箇所続けてのせる。スタンプを押すような感覚で。
2. 指で優しく馴染ませる。勾玉のような形を意識してボカすと良いそうです。
3. 仕上げのパウダーは、せっかくのツヤ感を消さないように、Tゾーンにのみつけるようにしています。

01 小顔にみせるテクニック

Fashion Lesson

02 スッキリ感のあるストールの巻き方

首元が少し見えるように巻くと、スッキリ見え、小顔効果も。

首元グルグル巻きはクビの抜けがなくなり、大顔に見えがち。

Fashion Lesson

03 小尻に見せるには、バックポケットのデザインが重要

- 細くて高い位置
- 薄くてストレッチの効いた素材
- 股上が浅すぎない
- 切り替え
- 黄色などのステッチ
- フラップポケット
- ダークカラー
- ハリ感のある素材

ディテールがなさすぎると、のっぺり間延びした印象。ヒップのシルエットがダイレクトに響いてしまう。

ディテール効果でメリハリができ、小尻に見せる効果あり。さらに引き締め色で小尻と美脚に。

きれいめパンツのバックポケットのフラップは小尻効果アリ。

Fashion Lesson

04 着やせする色を選ぶなら

[明るい色]　より　[暗い色]

! 見かけの大きさは色の明るさと関係する。
（明るい色＝膨張色、暗い色＝ひきしめ色）

[暖色系の色]　より　[寒色系の色]
（赤、オレンジ、黄など）　　　（青など）

! 暖色系の色は近づいて見え、寒色系の色は遠くにあるように感じられる。
（暖色＝膨張色、寒色＝ひきしめ色）

05 着やせしたくて引き締め色でも全身黒はNG！

濃い色で引き締め。

前は開けてタテのラインを強調することでスタイルアップ効果。

全身黒は重たい。

引き締めるなら、アウターに濃い色を使ってメリハリ感を出す。その場合はインナーやボトムスは膨張色でもスッキリ見えます。

Fashion Lesson

06 小柄な人のぺたんこシューズは甲浅のものを

甲がつまったものは脚が短く見える。

甲浅タイプは肌見せ効果で脚が長く見える。ポインテッドトウならよりシャープに。

Fashion Lesson

07 ふくらはぎが気になる人のベストな丈感

[スカート]

スカートの時、ふくらはぎの一番太いところで切らない。

パンプスはポインテッドトウが良い。ふくらはぎの少し下の丈がGOOD！

[ワイドパンツ]

[クロップドパンツ]

08 ふくよかな人に伸縮性のあるアイテムは危険

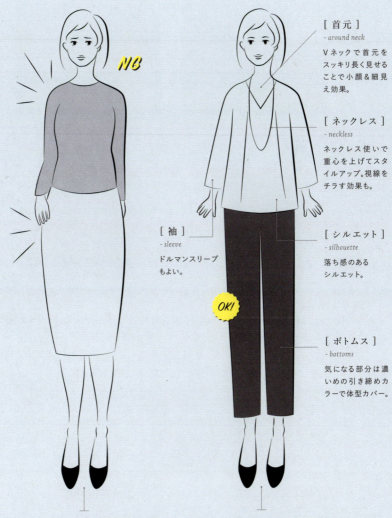

[首元]
- around neck

Vネックで首元をスッキリ長く見せることで小顔&細見え効果。

[ネックレス]
- neckless

ネックレス使いで重心を上げてスタイルアップ。視線をチラス効果も。

[袖]
- sleeve

ドルマンスリーブもよい。

[シルエット]
- silhouette

落ち感のあるシルエット。

[ボトムス]
- bottoms

気になる部分は濃いめの引き締めカラーで体型カバー。

ニットやスウェット素材などで体にフィットしすぎるサイズ感のものは身体のラインが出すぎるので注意!

身体につかず離れずのシルエットでストンと落ち感のある素材がオススメです。

\\ 自宅で洗える！ //

UNIQLO ウルトラライトダウンの洗濯法

気になる汚れや袖口、襟もとは下洗いしておく。

オシャレ着用の中性洗剤で優しく押し洗いする。

洗い終えたら優しく押すようにしてバスタオルなどにはさんで軽く水気を切る。（風合いを損ねる為、しぼるのはNGです。）

日の当たらない場所などで吊り干しして乾かします。

Finish!

数時間後、完全に乾きました。心配した風合いはそのままに、ふんわり仕上がりました。

! 風合いを損ねないためにも、洗濯機洗いではなく、優しく手洗いで。また、生地や洗濯機を傷めないためにも脱水機は避けた方がよいそうです。溶剤によるトラブルを避ける為、ドライクリーニングNGの表記がありますが、万一家庭では対処が難しい油じみなどがついた場合には、羽毛の取り扱いに慣れているクリーニング店をオススメします。（参考：UNIQLOお客様相談室）

Chapter 06

CARE
お手入れの仕方

———

洋服をいつまでも
新品同様の風合いに保つ！

洋服のお手入れ ①

洋服をいつまでも新品同様の風合いに保つ!

昔に比べておしゃれな洋服が格段に安く買える時代になりました。安いからと服を買いこみ、手入れもそこそこに1シーズンでハイ、サヨナラ、という使い捨て感覚はちょっと寂しい。お手入れをすれば、不思議なことにその洋服に愛着がわいてきます。また、ちょっとしたコツを知ることで、お手入れはぐんと楽しくなります。高い服もプチプラも、新品の風合いとまではいかなくとも、それに近い==良いコンディションをいかに保ち、1日でも長くきれいに着られるか==、が私のテーマです。

お手入れ 1 洋服ブラシを使おう!

頻繁に洗うことのできないコートやジャケットなどはもちろん、ニット類など普段のお手入れは洋服ブラシがオススメ!洋服ブラシの素晴らしいところは次の2点です。

スバラシイ 01
繊維の奥にたまったホコリを掻き出して払い落とす

スバラシイ 02
繊維の流れを整えてくれるので毛玉防止になり、肌触りや風合いが長持ちする

! ニットなどは普段からお手入れをして、毛玉になる前に洋服ブラシで繊維をほぐし、毛並みを整えておくことが大切。
（綿のものはケバ立つ可能性があるので注意してください。）

→ [洋服ブラシのかけ方]

how to brushing. 01
まず下から上へ手首にスナップをきかせて小刻みにして、こすらずホコリを払います。繊維奥の汚れを掻き出すような感覚です。襟や縫い目部分もしっかり。

how to brushing. 02
上から下にブラシをかけて、繊維の流れを整えます。

120

洋服のお手入れ ①

→ [ブラシの選び方]

ナイロンのブラシでなく、カシミヤなどのデリケートな素材にもオールマイティーに対応できる、キメ細かくてコシのある馬毛がオススメです。天然の毛を使うことで静電気も起こりにくくなります。毛足は長めのものが使いやすくて良いです。

(!) 洋服をぬいだ後、ひとまずこんな感じで定位置にかけて、その日のうちにお手入れ。

→ [毛玉クリーナー発見!]

これはすごい!!

コードタイプの毛玉取り器はパワーが落ちないので重宝しています。軽くて使いやすく、毛足の長さによって三段階に調節できるガードが付いているので、生地の風合いを損ねません。靴下や子供の体操服などにも大活躍!毛玉をとるだけで新品のようによみがえります。

新品同様の風合いに!!

もはやこれまでと思えるこんな靴下も片面2分程度で……

[毛玉クリーナー]
グレー／KD778／TESCOMテスコム

(!) 生地巻き込みの原因となるので平らな場所で使用し、クリーナーを生地に強く押し当てないように気をつけています。また説明書どおり、タイツなどの薄い素材は避けた方がよいと思います。

121

洋服のお手入れ ②

かんたん! アイロンがけ
お手入れ 2

プチプラ服を高くみせるコツのひとつはアイロンがけにあります。アイロンひとつで見栄えもぐっと良くなります。ハンディタイプのアイロンが手軽でオススメです。

コツ 1 [スチームと霧吹きを使い分ける]

霧吹き → きついシワに

てっとり早く綿・麻素材のきついシワをとるには霧吹きがいちばん効果的です! たっぷり生地を湿らせてアイロンを(その際は水濡れOKな素材かよく確かめて下さい)。

— before —

— after —

アイロンのスチーム → 軽めのシワに　ちょっとしたシワならスチームでもOK。

コツ 2 [吊るしてハンディアイロンでちょこっとがけ]

朝の忙しい時間帯には吊るしてさっとかけられるアイロンがあれば時短にも繋がります。以前、現場でご一緒させて頂いたスタイリストさんが「いろいろ試しましたがこれが一番オススメ! 軽くて使いやすいですよー」と、教えて下さったのがこちらツインバード社製のアイロン。

[ハンディタイプのアイロン]
ハンディーアイロン&スチーマー
SA-4084BL／ブルー／ツインバード

こんな風にハンガーに吊るしてササッとかけています。アイロングローブがあると、シャツの裾付近などのアイロンがけがしやすくなります。

洋服のお手入れ ②

コツ 3 ［ ニットにもアイロンを ］

ニットのアイロンがけは生地の裏からスチームをかけて仕上げます。ニット類は、毛を起こしてふんわり仕上げるために裏からスチームをかけてシワをのばしています。

コツ 4 ［ あて布は半透明のものが便利 ］

アイロンのあて布 →

デリケートな素材や、テカリ防止の為に使用するアイロン用のあて布は、半透明のものがオススメ。（100均で購入できます）

あて布で見えない...

薄めの布でもどこにアイロンが当たっているのかがわからないのでアイロンがかけ辛い。

これなら見える！

ピンポイントでアイロンを当てたい場所が狙えるのと、シワの状態をあて布ごしに確認しながらアイロンがけができます。

！ ［ 私のお手入れBOX ］

ちょいがけアイロンやお手入れセットは、とにかく取り出しやすい場所に収納しておくことがコツ。万事トロい私でも、思い立ったら5秒で取り出せるように、収納する場所だけは工夫しています。

お手入れ 3 ハットのお手入れのポイント

01　ハットをおろす前に、汗やファンデーションなどで汚れやすい部分にあらかじめ汚れ防止テープを貼っておくとよいです。（→ P21参照）

02　ハットは基本的に丸洗いできないので、着用後はブラシをかけてサッとほこりをはらうようにしています。

収納編

❗ 収納こうしています

整理収納のプロではないですが、整理収納は好きなので、現状に問題を感じたらその都度収納方法は見直すようにしています。

➡ [ハンガー]

ハンガーはほとんどＭＡＷＡハンガーで統一しています。省スペースで済むのでクローゼットが見やすくスマートに。

シャツ

シャツ専用のハンガーなら襟部分がぴったりフィットするので、襟から肩にかけてのラインを崩さずにキレイな状態を保てます。かなりオススメ。(MAWAハンガー／シルエット36)

パンツ

パンツの重みでシワや膝部分の伸びも解消！センタープレスのパンツもきれいに保てます。ずり落ちることもなく、ハンガーのはさみ跡も気になりません。(MAWAハンガー／ズボンツリ)

はいた後のシワが気になる時は入浴後のお風呂場にこうして吊り下げておけば、スチーム効果ですぐにシワが伸びてキレイになります。

マワショップ・ジャパン　http://www.mawa-shop.jp

スカート

スカート4着をコンパクトに収納できる上に、プラスチック製で軽いのでとても良い商品だと思います。さすがの日本製。(デイズ・スカートハンガー4段)

株式会社エヌケープロダクツ　http://www.rakuten.co.jp/nkproducts/

収納編

→ [ニット]

ハンガーにかけるとニットの重みで型崩れしてしまうので、たたんで収納しています。

→ [靴下]

はき口を傷めないようにたたんで、収納ケースの高さに合わせて立てて収納しています。

→ [ベルト]

クローゼットの中にフックをかけてまとめて吊るしています。

→ [ハット]

ホコリの影響を受けない棚に1箇所にまとめて収納しています。

→ [バッグ]

省スペースで済むようにウォークインクローゼットのドアに吊るして収納。シーズンオフのものは洋服やバッグを買ったときにもらえる不織布などに入れて収納。

シューズのお手入れ

防水スプレー

シューズのお手入れ

→ [おろす前のポイント]

まずは靴をおろす前や使用後も適度に防水スプレーを。防水のみでなく、防汚効果も期待できます（エナメルは専用のものを。シワができたり光沢が消えてしまいます）。

→ [スニーカーの汚れ]

ラバー

ラバー部分にはメラミンスポンジ。消しゴムや洗剤など色々試しましたが一番コレが楽チンでした。100均のものでかなりきれいになります。

トゥキャップ

トゥキャップの紫外線による黄ばみは、やや マットな仕上がりになりますが、100均のスチールタワシでキレイになります。

− before −　　　− after −

− before −　　　− after −

気に入っているのに痛くて履けない靴対策に！

→ [お手入れグッズ]

①［エナメル専用クリーナー］表面が曇ってきたらツヤ出しに使っています。汚れを落とし、ヒビ割れを防止してくれます。 ②［スエード専用ブラシ］ブラッシングは下駄箱に靴を収納する前にささっと使っています。まず毛足に逆らって汚れなどを落とし、最後に毛を寝かせるようにして毛並みを整えます。 ③［補色リキッド］色がアセてくるので、気になったらその都度補色するようにしています。

→ [シューズストレッチャー]

痛い部分を縦にも横にも伸ばせて、自分に合ったサイズにできます。スニーカーやパンプスでもOK。日を置いて、こまめにのび具合をみながら調整するのがコツです。合皮の靴の場合は割れることもあるので無理は禁物です。

COLUMN 6

\ お役立ち！ /
お助け便利グッズ

洗濯ボール
これを洗濯槽に入れておくだけで、洗濯物同士の絡まりを防いでくれ、汚れも落ちやすくなり、干しやすくなるというまさに一石二鳥アイテム！洗濯機に入れっぱなしなので場所もとりません。100均で購入。

ウタマロ石けん
泥汚れなど、とにかくどんながんこな汚れにも強い、部分洗い用石鹸。洗濯前のひと手間で、特に白い衣服に威力を発揮します（色柄ものは色落ちする可能性があるのでリキッドタイプが良いそうです）。

衣類干ネット (2段タイプ)
洗濯後のニットを型くずれせずに干せる折りたたみ式のネット。枕やぬいぐるみも干せるので重宝しています。下段は取り外し可。3COINSで購入。

ニットのほつれ直しに

[ニットのほつれ補修針]
ニットなどの表に飛び出た糸のほつれを簡単に補修できます。針は太細二本入りで、布地によって使い分けます。

ニットをひっかけてしまっても自宅で補修可能！

→ 飛び出した糸の根元に向かって針を差し込むだけでOK

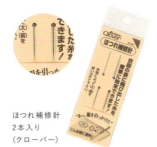

ほつれ補修針
2本入り
（クローバー）

①ブレスがひっかかって糸が飛び出してしまっていたニット

②飛び出した糸の根元に針を突き刺して、そのまま下から引き抜く。

③どこの糸が出てたのかわからないくらい元通り！

日比理子（ひび・みちこ）

ファッションアドバイザー。
客室乗務員として10年勤務後、アパレル業に転身。2児の双子の母。プチプラを
取り入れた日常のファッションを載せたブログが好評でトップブロガーに。ア
パレルブランドとのコラボ企画商品は好評で、セミナーや講演を中心に活動中。
ブログ / http://ameblo.jp/hibi-michi/　　インスタグラム / MICHIKOHIBI

Staff Credit

写真	遠藤優貴（MOUSTACHE）
	（カバー、p1,5,10,33,39,45,51,57,67,75,96,106）
	窪田慈美
	（帯、p6,7,12~20,22~26,30[上]、32,34~38,40[下]、41~44,46~50,52
	54~56,58~62,64~66,68,69[上]、70~71,74,78~82,84,85[物品]
	86~87[物品]、88~92,94~95,97,100~103,107~111,120,126[下]、127[上]）
	上記以外、インスタグラム、著者撮影
ヘアメイク	chisa（ROI）（カバー、p1,5,10,33,39,45,51,57,67,75,96,106）
ブックデザイン	河合宏泰
	中村衣里（VIA BO, RINK）
イラスト	上田マルコ
校正	大川真由美

いつもの服でおしゃれな雰囲気のつくり方！
MY STYLING BOOK

2016年4月5日　第1刷発行

著　者	日比理子
発行者	佐藤　靖
	大和書房
	東京都文京区関口1-33-4
	電話03-3203-4511
印　刷	歩プロセス
製　本	ナショナル製本

©2016　Michiko Hibi,Printed in Japan
ISBN978-4-479-92096-0
乱丁・落丁本はお取替えします
http://www.daiwashobo.co.jp